CRIS

DU MÊME AUTEUR

Romans

Cris, Actes Sud, 2001 ; Babel n° 613, 2003.

La Mort du roi Tsongor, Actes Sud, 2002 ; Babel n° 667, 2005.

Le Soleil des Scorta, Actes Sud, 2004 ; Babel n° 734, 2006.

Eldorado, Actes Sud / Leméac, 2006 ; Babel n° 842, 2007.

La Porte des Enfers, Actes Sud / Leméac, 2008 ; Babel n° 1015, 2010.

Ouragan, Actes Sud / Leméac, 2010.

Théâtre

Combats de possédés, Actes Sud-Papiers, 1999.

Onysos le furieux, Actes Sud-Papiers, 2000.

Pluie de cendres, Actes Sud-Papiers, 2001.

Cendres sur les mains, Actes Sud-Papiers, 2002.

Le Tigre bleu de l'euphrate, Actes Sud-Papiers, 2002.

Salina, Actes Sud-Papiers, 2003.

Médée Kali, Actes Sud-Papiers, 2003.

Les Sacrifiées, Actes Sud-Papiers, 2004.

Sofia Douleur, Actes Sud-Papiers, 2008.

Sodome, ma douce, Actes Sud-Papiers, 2009.

Mille orphelins, suivi de *Les Enfants fleuve*, Actes Sud-Papiers, 2011.

Recueils de nouvelles

Dans la nuit Mozambique, Actes Sud, 2007 ; Babel n° 902, 2008.

Les Oliviers du Négus, Actes Sud / Leméac, 2011.

Littérature jeunesse (album)

La Tribu de Malgoumi, Actes Sud Junior, 2008.

Beau livre

Je suis le chien Pitié (photographies d'Oan Kim), Actes Sud, 2009.

ACTES SUD, 2001
ISBN 978-2-330-00905-2

LAURENT GAUDÉ

CRIS

roman

BABEL

à mes parents

Tu me crois la marée et je suis le déluge.

VICTOR HUGO

I

LA RELÈVE DE LA VIEILLE GARDE

JULES

Je marche. Je connais le chemin. C'est mon pays ici. Je marche. Sans lever la tête. Sans croiser le regard de ceux que je dépasse. Ne rien dire à personne. Ne pas répondre si l'on s'adresse à moi. Ne pas se soucier, non plus, de ce sifflement dans l'oreille. Cela passera. Il faut marcher. Tête baissée. Je connais le chemin par cœur. Je me faufile sans bousculer personne. Une ombre. Qui ne laisse aucune prise à la fatigue. Le sifflement dans mes oreilles. Oui. Comme chaque fois après le feu. Mais plus fort. Assourdissant. Le petit papier bleu au fond de ma poche. Permission accordée. Je suis sourd mais je cède ma place. Au revoir Marius. Je lui ai tendu le papier bleu qu'on venait de m'apporter. J'avais honte. Je ne pouvais pas lui annoncer moi-même que j'allais partir et qu'il allait rester. Le sifflement dans mes oreilles. Ne pas s'inquiéter. Tous sourds. Oui. Les rescapés. Tous ceux qui ont survécu aux douze dernières heures doivent être sourds à présent. Une petite armée en déroute qui se parle par gestes et crie sans se comprendre. Une petite armée qui n'entend plus le bruit des obus. Une petite armée d'hallucinés qui n'a plus peur et ne sait plus dormir. Et dont les hommes restent, tête droite, regard écarquillé, en plein milieu du front. Nous sommes une armée de sourds éparpillés. C'est tout ce qui reste de nous. Ils avaient prévu que cela se passerait autrement. Une grande offensive. C'est cela qui était programmé. Reprendre l'initiative. Enfoncer les lignes ennemies. Une grande attaque. J'y ai cru moi aussi, quand j'ai vu, à droite et à gauche, tous ces types se lever en même temps que moi. J'y ai cru parce que je n'en avais jamais vu autant. Je me suis dit que, là, ils mettaient le paquet que, là enfin, ils se décidaient à percer les lignes d'en face. Oui, mais maintenant c'est fini. Tout ce qui reste, ce sont des bourdonnements dans l'oreille des rescapés. Et on peut dire que la grande attaque, c'est ceux d'en face qui l'ont faite. Un kilomètre. Ils nous ont mangé un kilomètre. Il a fallu courir vite quand ils ont sonné la retraite pour ne pas tomber aux mains des salauds d'en face. Et tant qu'à perdre un kilomètre, j'aurais préféré que ce soit eux qui chargent. Si on n'arrive pas à percer quand on se lève tous comme ça, si on ne passe pas quand on est des milliers à courir en gueulant, je me demande bien jusqu'où on reculera.

Je marche. Je m'éloigne du front. De Marius, de Boris. Et de ma tranchée. Je croise des hommes que je ne connais pas. Tous ceux-là. Les nouveaux arrivés. En rang par deux. Je ne veux pas les regarder. Juste marcher. Droit devant moi. Qu'ils me laissent passer sans m'arrêter. Sans me questionner. Que veulent-ils que je leur dise ? Que nous avons tenté une offensive massive et que nous avons échoué ? Qu'une telle marée d'hommes et de fusils, je n'en avais encore jamais vu ? Que Boris a cru que je lui avais sauvé la vie mais que ce n'est pas vrai ? Lorsqu'il m'a remercié, je n'ai pas eu la force de lui expliquer. Je n'ai sauvé la vie de personne. Ni de Boris. Ni d'aucun. Je sais bien que ce n'est pas cela que j'ai fait aujourd'hui. J'ai simplement vu un ennemi assis sur un corps. Un ennemi qui allait planter sa baïonnette dans un uniforme qui portait les mêmes couleurs que le mien. J'ai tué plus vite, c'est tout. Il faut être rapide. Si j'avais vu Boris, et si je m'étais dit qu'il fallait lui venir en aide, je serais fier, je crois. Mais la vérité, c'est que j'ai vu un salaud de soldat ennemi à portée de baïonnette et que je me suis rué sur lui parce que je savais que je le terrasserais. Rien d'autre. Je ne sais pas si cela fait de moi un salaud. Mais je sais que je n'ai pas sauvé Boris. Parce que je ne l'ai même pas vu. Et je m'en veux pour cela. Est-ce que je dois leur dire ça ? Est-ce qu'ils ont envie que je m'arrête et que je me mette à raconter mon histoire ? En hurlant parce que sinon je n'entends pas ma propre voix. Non. Personne ne veut. Il faut continuer à marcher. Tête baissée. Les laisser défiler à mes côtés. Le sang neuf des tranchées. Ils sont plus robustes que moi. Lorsque j'en bouscule un de l'épaule, je sens à quel point mon corps est maigre et léger. Ils sont plus lourds et plus robustes mais ils se déplacent moins vite que moi. Glissant dans la boue. Cherchant des appuis. S'arrêtant à chaque croisement. Ne sachant pas où baisser la tête et où presser le pas. Ils ne connaissent pas encore les chemins du danger. Moi, je sais tout cela. Je marche sans m'arrêter. Laissant dans mon dos ce pays dont je suis. Laissant les camarades épuisés. Marius et Boris. Qui n'ont pas eu la chance, comme moi, de recevoir le petit papier bleu. Je ne voulais pas partir. Rester avec eux. Continuer à veiller les uns sur les autres. Comme ça, à trois. Mais il y a quelques jours, Marius m'a dit que j'avais une tête terrible. Que je ne tarderais pas à crever si je restais ici. Que j'étais arrivé au bout. Que j'étais sur le point de faire quelque chose de dément. Il avait raison. C'est pour cela que je n'ai pas discuté. Il avait raison. Je suis arrivé au bout. Tout au bout de moi-même.

Je marche maintenant dans la tranchée de la Grêle. Quelques types, çà et là, ont commencé à essayer de remettre de l'ordre. Machinalement, ils ont saisi les pioches et dégagent un peu le chemin. Mais la plupart d'entre eux ne font rien. Et ils ont bien raison. C'est pour la relève. Nous, nous avons assez travaillé pour aujourd'hui. Je me faufile de boyau en boyau. La plupart des hommes me voient passer et ne me saluent pas. Pas la force. Un grognement parfois. Pour dire qu'ils m'ont reconnu. Ils sont épuisés. Dans moins d'une heure, je quitte ces paquets de terre, ce froid qui fait rougir les doigts, et ces corps informes qui se blottissent dans les anfractuosités, emmitouflés dans de grandes couvertures sales, en attendant la relève. Dans moins d'une heure. Je suis sur le chemin du retour.

LE GAZÉ

Ça coule le long de ma jambe. Je le sens. C'est tiède. Ça imbibe le tissu. Faire encore quelques pas. Ce n'est pas la peine. Ici, c'est à l'abri. Il n'y a rien de mieux que les trous d'obus. Ça ne retombe jamais deux fois au même endroit. Respirer un peu me fera du bien. Je ne sens plus grand-chose. Si ce n'est que ça coule. Oui, cela je le sens encore un peu, mais c'est tout. Je vais me blottir là, la gueule contre la boue, là, bien terré dans ce trou, et ce ne sera pas pire qu'ailleurs. Il faut que je respire calmement. C'est ce qu'on dit toujours. C'est ce que j'ai dit chaque fois que je me suis retrouvé avec un type au creux des bras qui hurlait de douleur, qui beuglait comme un animal saigné au jarret, je lui disais : "Calme-toi, respire, concentre-toi sur ta respiration, calme-toi camarade, on est là, il ne faut pas que tu t'énerves, ça ne fera qu'empirer les choses." A combien de types j'ai dit ça ? A combien de types qui sont morts quelques minutes plus tard ? Ils crèvent, là, d'un coup. Ils crèvent et on le sait parce qu'on les tient bien serrés contre soi et que, le dernier sursaut, on le sent partir des pieds et ébranler tout le corps, et il n'est pas besoin d'être médecin pour savoir que c'est la fin. Un tel sursaut de tous les muscles, c'est forcément la reddition de la chair. C'est comme une dernière éruption de vie et puis plus rien. Plus rien. La mort. C'est ce qu'on sait. C'est ce qu'on croit et c'est alors que vient la bave. Elle coule tout doucement le long du menton. Comme si l'âme sortait par la bouche doucement. Un dernier signe de vie. Lent. Régulier. Je l'ai vu ça. Je sais bien comment ça se passe. Je vais rester là encore un peu. Je ne sens presque plus rien dans la jambe. C'est peut-être le garrot. Je ne sais pas. Je suis fatigué. Mais je sais qu'il ne faut pas dormir. Je le sais. Ça aussi on le dit aux types qu'on tient bien serrés dans les bras. Il faut que je parle. Il ne faut pas que je m'endorme. Bien calé, là, le dos contre la boue, je dois rester aux aguets. Je ne dois pas lâcher le fusil. Pas cesser de regarder. Je dois reprendre des forces. Tout doucement. A mon rythme. Dès que ça ira mieux, je me lèverai, et je me traînerai jusque là-bas. Et là encore, nom de Dieu, il faudra être vigilant et ne pas oublier de gueuler mon nom, très distinctement, en articulant bien pour qu'ils entendent que je suis un des leurs, et qu'ils ne me tirent pas dessus. Ça aussi ça arrive. Mais je le sais. Je n'oublie rien. Si je reste concentré comme ça, malgré la jambe, malgré la fatigue, je passerai à travers. Les embûches sont innombrables, les occasions de faillir aussi, mais je n'oublie rien moi, et je passerai à travers. Le vrai combat commence maintenant. Je ne peux compter que sur moi-même. Et c'est mieux ainsi. Je suis fort. Et je me bats pour moi. Pour sauver ma peau. Il faut mettre toutes mes forces dans la bataille. Il n'y aura aucun ordre venu d'en haut. C'est moi qui établis ma propre stratégie. C'est moi seul. Et il n'y aura pas de renfort non plus. Et c'est mieux. Je sais faire ça. Respirer calmement. Ménager mes forces et ne rien oublier. Surtout ça. Ne rien oublier.

MARIUS

Je m'étais dit qu'il fallait garder un œil sur Jules. J'avais bien vu qu'il avait son air des mauvais jours. La haine au ventre. Et l'envie de courir tout droit, sans se coucher, sans esquiver, l'envie de ne plus se battre mais d'avancer, en injuriant la terre entière. Et c'est dans des jours comme ça qu'on meurt ici. Alors je m'étais dit que je ne m'éloignerais pas et que s'il fallait lui foutre un coup de crosse sur la nuque pour qu'il arrête de courir, pour qu'il tombe enfin et revienne à lui, pour qu'il ait peur à nouveau et n'oublie pas de sauver sa peau, je le ferais. Mais j'ai vite été pris, moi aussi, dans le feu. J'ai perdu Jules.

J'ai perdu Boris. Et j'ai fait comme tout le monde : j'ai gueulé et j'ai couru. J'étais persuadé que Jules était mort. Que comme je l'avais perdu de vue, personne n'avait été là pour l'arrêter et que la trompette du repli il ne l'avait pas entendue, ou que s'il l'avait entendue, elle lui avait collé au ventre une telle rage, qu'il avait couru de plus belle. J'en étais persuadé. Parce qu'il s'était levé ce matin avec son visage de forçat. Et lorsqu'il a chargé, j'ai vu qu'il n'avait pas peur. Ni dans les yeux. Ni dans les jambes. Et ça, ce n'est pas bon. Mais il est revenu. Et au retour, il a trouvé la petite enveloppe bleue de permission. Je suis heureux. Pour nous, la relève sera là ce soir. Nous allons passer deux jours à l'arrière. Le temps à peine de reprendre notre souffle. Puis il faudra revenir. C'est le cycle des tranchées. Mais lui, il aura plus de temps. Une semaine. Peut-être un peu plus. Loin d'ici. Son masque de fatigue aura le temps de disparaître. Nous sommes tous les trois sains et saufs. Boris, Jules et moi. Tous les trois en vie. Oui. Mais plus vieux de milliers d'années.

BORIS
Je ne pensais pas que la mort pouvait avoir le visage d'un gamin de dix-huit ans. Ce gamin-là, avec ses yeux clairs et son nez d'enfant, c'était ma mort. C'est pour cela que je n'ai rien fait pour me dégager. C'est pour cela que je n'ai pas porté la main sur lui. C'est Jules qui l'a fait. C'est lui qui a fait disparaître le visage du gamin en lui faisant éclater les os des joues et du front sous les coups de crosse de son fusil. Et c'est là que j'ai vu le visage de la mort. Le vrai. Et j'ai compris que ce gamin était un masque que

Jules venait d'arracher et que je ne m'étais pas trompé. Que c'était bien la mort qui était agrippée à moi, pesant de tout son poids d'insecte tueur sur mon ventre, à califourchon, c'était elle, je ne m'y étais pas trompé. Je sais ce que c'est, aujourd'hui, que de devoir sa vie. Je te la dois, Jules. C'est juste que ce soit toi qui partes, pour un temps, loin d'ici. Tu as fait ta part. Et bien au-delà.

LE MÉDECIN
Je mets des pansements sur les morts et j'ampute les vivants. Il y a trop de cris autour de moi. Je n'entends plus les voix. Et je me demande bien quel visage a le monstre qui est là-haut, qui se fait appeler Dieu, et combien de doigts il a à chaque main pour pouvoir compter autant de morts. Je mets des garrots sur les membres et des bouts de bois entre les dents. Mais les mains informes de Dieu, avec leurs milliers de doigts, ont encore envie de compter.

LIEUTENANT RÉNIER
Troisième compagnie, deuxième section. Les camions nous ont déposés à deux kilomètres du fort. Nous avons fait le reste à pied. Pour l'instant, nous sommes tous au repos. Il nous reste quelques heures avant d'être envoyés en première ligne. Dernières minutes de répit pour panser nos ampoules et laisser reposer nos pieds, pour fumer et nous étendre dans l'herbe. Il reste quelques heures à peine avant que nous allions prendre position dans la tranchée de la Tempête et relever ceux qui y sont. Ils se sont battus durant dix heures, paraît-il. Dix heures pour

perdre, au total, un kilomètre. Le colonel m'a dit que nous devions tenir. Qu'il était inconcevable de continuer à reculer. Nous allons remplacer les pauvres types qui restent et nous tiendrons.

MARIUS
On ne sait jamais qui en reviendra et qui y restera. Pendant l'attaque on n'y voit rien. C'est seulement maintenant qu'on commence à savoir. Les nouvelles courent le long des boyaux, le long des tranchées, à fleur de boue, les nouvelles vibrent dans les barbelés comme dans des fils télégraphiques, et chaque soldat colle son oreille tout contre pour savoir qui, désormais, va manquer.

LIEUTENANT RÉNIER
Le colonel est venu me voir et m'a donné mon affectation. Poste 7 dans la tranchée de la Tempête. Avec une dizaine d'hommes. Nous allons procéder à la relève intégrale de ceux qui étaient là avant nous. Le colonel me confirme que les pertes ont été énormes et que les hommes sont exsangues. Nous sommes le sang neuf. Et il faudra reprendre le terrain perdu. L'ordre est d'attendre la nuit pour procéder à la relève. J'attends. J'ai dit au caporal Ripoll de regrouper les hommes et de les tenir prêts. Les choses sérieuses commencent.

BORIS
C'est en revenant de l'infirmerie que je l'ai entendu. J'étais allé là-bas parce qu'on m'avait

dit qu'Auguste y était et je voulais lui serrer la main pour qu'il sache qu'on ne l'abandonnait pas. Il ne m'a pas vu. Le visage enfoui sous les bandelettes. On m'a montré cette momie, on m'a dit que c'était lui et il a bien fallu que je les croie. Je n'ai même pas vu ses yeux. Juste la bouche. Un trou dans les bandelettes pour que la momie respire. Je lui ai serré la main. Fort. Et tout doucement, sans même demander qui était là, la momie, du bout des doigts, a demandé une cigarette. Cela m'a semblé bizarre. Que sous ce masque de pansements, ça veuille fumer. Que le monstre accidenté qui était là-dessous veuille une cigarette. On n'a pas parlé. Je n'ai rien dit. Je l'ai laissé là, épuisé sur son lit pouilleux. Et j'ai été presque soulagé qu'il ne me voie pas. Qu'aucun regard ne pèse sur moi. C'était plus facile. Je me suis levé et je suis sorti. Je suis revenu par le boyau des Rats. C'est là que je l'ai entendu. J'ai d'abord cru que c'était encore les cris étouffés de l'infirmerie, le râle bas et continu de tous ces pauvres gars entassés dans le mouroir. J'ai cru que c'était la momie qui avait fini sa cigarette. Mais c'était impossible. Alors j'ai fait attention et j'ai écouté. Ça venait d'en face. Quelque part en face. Là-bas, au milieu du champ de bataille déserté. Ça ne pouvait pas être un blessé, comme cela arrive parfois. Des hommes épuisés qui reviennent à la force des bras. Malgré la faim et les blessures. Ça arrive. Mais ça n'était pas ça. Les sons étaient bien trop aigus. Bien trop clairs. Je les ai reconnus. C'étaient les siens. A nouveau.

LIEUTENANT RÉNIER
La relève a commencé. J'ai fait ranger mes hommes sur le côté du chemin et nous avons

laissé passer la vieille garde. Notre tour n'était pas encore venu. Ils commencent par la tranchée de l'Oural, au nord, et la tranchée du Feu, à l'ouest. Nous passerons en dernier. La nuit tombe. Il commence à faire froid. Les premiers ne tardent pas à apparaître. Une grappe d'hommes épuisés qui marchent lentement. La tête basse. Sans parler. Ils trébuchent souvent car ils sont trop fatigués pour ne pas laisser traîner leurs bottes. Une poignée d'hommes. Je les regarde passer. On dirait un peuple de boue. On voit à peine la couleur de leur uniforme. Juste de la boue séchée, partout. Sur le visage et sur les vêtements. Des barbes de trois jours. Le regard vide. Je crois qu'ils ne nous ont pas vus. Aucun ne nous a salués. Aucun ne nous a même adressé un signe de la main ou du regard. Des ombres. Sales et courbées. Je les regarde et il me semble qu'ils suivent un corbillard. Le cortège fantôme avance péniblement. Ils marchent, lents et tristes, derrière le corbillard invisible de leurs compagnons morts. Il n'y a pas de salut militaire qui tienne. La seule chose qu'il faudrait faire, la seule chose qui aurait un sens, serait de se signer à leur passage.

La première grappe d'hommes est passée. Et puis plus rien. Ils étaient sept ou huit et ils ont disparu. J'ai entendu le soldat Dermoncourt, dans mon dos, qui murmurait entre ses dents : "Pas beaux à voir ceux-là." Et c'est vrai qu'ils étaient hideux. Ecuyers fatigués de chevaliers disparus. Mal rasés, débraillés, avec la crasse qui colle à la joue et la faim qui leur tiraille l'estomac. On aurait dit une armée en retraite. Un seul groupe de sept à dix hommes est passé. Le grand processus de la relève ne faisait que commencer. Pauvres hommes. Ils ne ressemblent plus à rien.

Plus de regard, plus de force dans le corps. Juste la démarche mécanique des chevaux de trait. Pauvres hommes qui se sont battus et ont perdu. Car même s'ils vivent encore, ceux-là ont perdu, et à les voir ainsi passer devant nous sans nous remarquer, je me demande s'ils retrouveront jamais l'usage de la parole. Nous avons encore attendu. Et un deuxième groupe d'une vingtaine d'hommes est passé. Les mêmes visages hirsutes de vagabonds armés. Les mêmes démarches traînantes et courbées de chiens malades. Ils ont continué leur marche chaotique et je m'attendais à tout instant à voir l'un d'eux s'effondrer et mourir d'épuisement, là, à nos pieds, dans l'indifférence des autres marcheurs têtus. Mais ils ont tenu et leurs longues silhouettes ont à nouveau disparu dans la nuit. C'est alors que Messard, derrière moi, a dit : "Mon lieutenant, ceux-là, c'était la première section du quatrième régiment." J'ai mis du temps à comprendre ce qu'il voulait dire. Mais maintenant je comprends. Ces vingt hommes sont tout ce qu'il reste de la première section. Et les sept ou huit premiers appartenaient probablement à une autre section. C'est cela la vieille garde. Une toute petite poignée d'hommes exsangues, sans souffle, sans regard, avec la force juste de marcher, la force juste de s'éloigner le plus possible de ce front. La vieille garde défile sous nos yeux. Je ne vois pas leurs visages mais je peux les compter. Ils sont si peu. Je comprends maintenant que Dermoncourt a tort de dire qu'ils ne sont pas beaux à voir. Il a tort de penser qu'il n'aimerait pas leur ressembler. Je comprends maintenant que ce qu'il faut vouloir, de tout son cœur, c'est être un jour comme eux. Pouvoir comme eux, même épuisés et sales, même vagabonds et blessés, quitter ce front. C'est tout ce qu'il reste de la vieille garde et nous aurons de la chance si nous aussi, un jour, on vient nous relever et si nous avons encore assez de vie dans nos muscles pour nous lever et marcher jusqu'à la gare.

L'ordre d'avancer n'est toujours pas arrivé. Il faut attendre encore. La nuit maintenant est totale. Je regarde mes hommes. Messard s'est mis contre un rocher et taille un bout de bois. C'est un colosse barbu, solide et calme. Il passe son temps à tailler de petites figurines avec un couteau de poche. Les autres l'appellent "le barbu" et cela le fait rire. Il dit qu'un de ces jours il se rasera et qu'alors son surnom sera véritablement drôle. Le caporal Ripoll, assis à côté de lui, est le seul sous-officier de notre petite troupe. Quentin Ripoll. Un roc aussi. Moins massif, moins lourd que le barbu, mais plus fauve. Grand, large, un visage mat de Sarrasin. Il se tait toujours. Mais lui, c'est un guerrier. Je peux le sentir lorsqu'il donne des ordres aux hommes. Toujours lent, toujours nonchalant, il sait parfois devenir chasseur. Je regarde ces hommes que je connais mal et que je vais devoir mener au front. Tout à coup, un sifflement aigu a déchiré la nuit. Suivi immédiatement d'une énorme explosion. La terre, sous nos pieds, a vibré de chaleur, et puis les mottes projetées dans le ciel, les pierres et les éclats sont retombés en une pluie drue de gravats. Une autre explosion a éclaté, puis une troisième, mais beaucoup plus loin, du côté des tranchées nord. Ce sont les tirs de la nuit. Les tirs réservés à la relève. La salve de bienvenue. Pour nous, pour ce petit groupe d'hommes que je commande, la guerre a commencé.

MARIUS
Ceux d'en face se sont offert le bonheur d'une salve de bienvenue. Trois obus pour déniaiser la relève. Un très loin, au sud, près du poste B, et deux chez nous, là, dans les tranchées nord. C'est l'averse du soir. Trois grosses gouttes de métal pour se rappeler à notre bon souvenir. Trois grosses gouttes d'acier qui brûlent la chair et retournent la terre. Je suis heureux. Il pleut ici mais Jules est à l'abri.

LIEUTENANT RÉNIER
Nous étions plaqués au sol, le visage contre la terre humide de la nuit, et nous avons entendu les premiers gémissements. Le premier obus est tombé sur la colonne qui venait de passer devant nous. Le premier obus, dans le hasard infini de cette nuit sans yeux, a explosé en plein milieu de la colonne silencieuse qui venait de nous dépasser pour monter au front. J'ai couru avec mes hommes pour aider. Il y avait des corps partout, sur la route et sur les bas-côtés. Certains commençaient lentement à se relever. D'autres ne bougeaient plus. D'autres encore hurlaient à la mort. Dans la confusion, j'ai cherché qui était mort et qui ne l'était pas. Retournant les uns, tapotant les joues des autres, improvisant quelques garrots ou hurlant qu'on amène des brancards. J'ai maculé mon uniforme. Pour la première fois, dans la poussière et la panique, pour la première fois au milieu de la douleur aiguë des hommes, j'ai pris à bras-le-corps la guerre et elle a dessiné sur mon uniforme son visage convulsé.

BORIS
Ecoute Marius et ne crois pas que je délire. Ce n'est pas parce que les obus sont tombés ici que je reviens en courant, ce n'est pas pour retrouver mon poste que je me suis pressé tout le long du chemin qui mène jusqu'ici, c'est pour te dire tout autre chose. Ecoute Marius, j'en suis certain maintenant : je l'ai entendu. Les mêmes cris, tantôt aigus, tantôt rocailleux. Les mêmes appels animaux, là-bas, en plein milieu de cette terre vierge et dangereuse, ce territoire ténu entre nos tranchées et les leurs. Il est là à nouveau. Je l'ai entendu reprendre son chant bestial. Il erre à nouveau, longeant dans la nuit nos lignes ou les leurs, frôlant les barbelés, rampant dans la boue. Il a survécu à la grande attaque. Je sais que c'est incroyable. Je sais que toute la journée il a plu des obus et que les balles sifflaient si dense que nous avons tous pensé mourir. Mais il a survécu. Et ce soir il a repris. Il a survécu à la grande attaque et je me demande bien, moi, où est-ce qu'il a pu se terrer pendant que nous nous ruions les uns contre les autres. A moins qu'il n'ait participé à la tourmente. A moins que lui aussi se soit mêlé à la charge des soldats. Et je me demande bien alors sur quel camp il a tiré et pourquoi il n'est pas rentré avec ceux qu'il avait faits siens. Car ce soir, il est à nouveau seul au milieu du champ de bataille déserté. Il rampe, il marche et hurle. Et je ne saurais dire s'il hurle pour pleurer ces morts, ces milliers de morts qui jonchent son royaume ou si c'est pour fêter son triomphe d'animal boucher et pour nous remercier de tout ce sang versé.

LIEUTENANT RÉNIER
Un courrier est arrivé. Il a demandé le lieutenant Rénier. Ripoll m'a montré du doigt. J'aidais un infirmier à transporter le dernier blessé. Le courrier m'a dit que c'était notre tour de monter en ligne. J'ai regroupé mes hommes et nous y sommes allés, laissant derrière nous l'énorme trou de cyclope qu'avait fait l'obus. Nous marchons dans la tranchée Berlin, nous enfonçant toujours plus dans la nuit barbelée. Nous avançons, la tête baissée dans les épaules, et c'est pour nous un terrible effort que d'avoir à monter au feu ainsi, sans crier, sans se donner du courage, sans hurler à pleins poumons, silencieux et discrets. Nous dépassons le poste A et pénétrons dans les dernières tranchées. Nous continuons notre progression. Nous devons atteindre la tranchée de la Tempête. A l'est. Nous y serons dans quelques minutes. Personne ne parle. Tout autour de nous, la terre est aussi retournée qu'un visage creusé par la petite vérole. Puis, enfin, nous arrivons tout au bout du front. Dans la tranchée de la Tempête. Il n'y a personne ici. Le poste est vide. Je ne sais pas ce qui s'est passé. Si la garde précédente a quitté son poste avant que nous arrivions, ou si cela fait plusieurs heures qu'il est déserté. Nous prenons place dans une ligne de front vide et c'est comme d'entrer dans un grand lit froid qui n'est pas le nôtre.

MARIUS
Boris venait d'arrêter de parler quand un cri strident a éclaté à quelques dizaines de mètres à peine en face de nous. Là, droit dans la direction des tranchées ennemies. Nous nous sommes précipités, les yeux au ras du sol pour voir ce dont

il s'agissait. Mais l'obscurité était trop épaisse. C'était là, à quelques mètres. Ce dont il venait de parler. Je pouvais même entendre le bruit d'un corps qui marchait. Là, à quelques mètres, un cri mi-animal mi-articulé. Comme un démon qui fait des vocalises. Je scrutais de toutes mes forces l'obscurité. Je sentais le souffle de Boris à mes côtés. Et c'est là que je l'ai vu. Dans l'obscurité, j'ai distingué, pendant quelques secondes, la silhouette voûtée d'un homme. Comme s'il reniflait le sol. J'ai dit pour que cet homme m'entende, j'ai dit dans la nuit épaisse, j'ai dit : "Français ou allemand ?", et il a répondu. D'énormes gargarismes obscènes, comme une succession inarticulée de pets et de gargouillis. Puis plus rien. Ni cri ni mouvement. Il était parti.

LIEUTENANT RÉNIER

Un homme est venu. Il avait pour mission de nous informer de la situation militaire de notre poste. C'était le sergent de la guérite du poste A, un gros bonhomme autoritaire avec les soldats et mielleux avec les supérieurs. Le genre d'homme que les gars détestent instinctivement. Il a arpenté la tranchée, souhaitant en souriant la bienvenue à tout le monde avec l'air de celui qui offre une pute à un puceau. Et puis il m'a emmené avec lui et nous avons fait le tour des positions. Il me montrait du doigt les endroits où les gars précédents avaient repéré du mouvement. Il me disait "là, ça grouille" et "là, ça pionce", et on ne savait pas très bien ce qu'il préférait. Ou plutôt, si, on le devinait. Il m'expliqua la situation générale et celle de la tranchée de la Tempête en particulier. Il n'était plus question de reculer. Il était même question de tenter quelques petites offensives ponctuelles pour reprendre du terrain. Et il disait cela avec un air secret et gourmand qui vous dégoûtait totalement de sa présence. “Mais, ajouta-t-il, rien de sûr encore. Pour l’instant installez-vous. Vous verrez, à la longue, c’est presque douillet.” Puis il a pris congé, assez pressé, visiblement, de ne pas s’attarder ici et de retrouver sa guérite. Nous y sommes. Je désigne à chacun sa place. A chacun le petit morceau de terre qu’il lui faudra défendre. Ripoll. Dermoncourt. Messard. Barboni. Castellac. Dans l’obscurité froide de cette nuit, notre troupe, isolée, s’affaire et prépare les batailles à venir.

MARIUS
J’ai laissé Boris tout seul. Et je suis retourné à l’arrière. Jusqu’au poste A. Je voulais voir le médecin. C’est un type que j’aime bien. De la guerre, il connaît, comme nous, les longues nuits d’insomnie passées à attendre l’ordre de l’assaut. De la guerre, comme nous, il connaît le crépitement des fusils et les explosions de soufre. Mais de la guerre aussi, il sait l’infinité de cris que l’homme peut pousser lorsqu’il a mal. Plus qu’aucun d’entre nous, il sait les plaies, le sang, et la mort aveugle. Et je m’étonne que ses mains ne soient pas devenues rouges à jamais d’avoir tant baigné dans le corps des blessés. Il sait tout ce qui se passe sur le front. Chaque soldat passe par le poste A plusieurs fois par jour. Ceux qui apportent le courrier aux hommes des premières lignes. Ceux qui partent et ceux qui arrivent. Le poste A sait tout sur les sursauts du front. Je suis allé voir le médecin et c’est lui qui m’a dit que le premier obus était tombé en plein

sur ceux qui devaient nous relever. Que cela avait mis une belle pagaille dans l'organisation. Que la relève ne serait probablement pas pour ce soir. Que s'ils avaient pu, même, ils auraient probablement rappelé Jules. Le médecin m'a tout dit et il a ajouté qu'il faudrait être patient.

Mais au fond, ce n'était pas pour cela que je venais le voir. Je savais qu'il était celui d'entre nous qui était là depuis le plus longtemps. Qu'il avait connu le régiment que nous avions remplacé. Je suis venu voir le médecin pour l'interroger sur les cris de la bête courbée qui rôde le long des tranchées. Les cris de la bête que nous croyions morte mais qui a survécu à la grande attaque. Et je voulais savoir à combien d'autres attaques elle avait survécu ainsi. Je voulais savoir quel était son nom.

LE MÉDECIN
Les cris que poussent les hommes qui se débattent sur mes tables, je ne sais pas les nommer. De même que je ne saurais pas dire de quelle souffrance est atteint un homme qui se réveille en pleine nuit en se tordant de douleur parce qu'il souffre de la jambe qu'on lui a amputée la veille. Ces choses-là n'ont pas de nom. Je ne sais pas ce qui peut produire les cris dont tu parles et que j'ai moi-même déjà entendus, animal ou homme. Je ne sais pas si ce sont des lamentations ou les fous rires d'une bête sauvage. On dit que c'est un soldat, aliéné lors d'une attaque, qui n'a jamais retrouvé ses lignes et qui erre en nous insultant, nous qui n'avons jamais rien fait pour essayer de le retrouver. Personne ne peut dire si c'est un Allemand ou un Français. Personne ne peut dire de quoi il vit et où

il se terre. Certains affirment que c'est le fantôme écorché du champ de bataille. Qu'il vient hurler à nos oreilles, la nuit, pour nous rappeler nos meurtres du jour. Je ne sais pas, Marius. Mais je suis sûr d'une chose, c'est qu'il ne reviendra pas. Ni ici, ni en face. Tant qu'il aura un peu de force, tant que ses poumons pourront s'emplir d'air, de l'air vicié des charniers, il gueulera sur nos têtes à pleines dents.

LIEUTENANT RÉNIER
Dans cette nuit de froid et de haine, nous avons entendu des cris terribles. Lointains d'abord. Et puis de plus en plus près. Cela venait de devant nous et cela ne cessait de s'approcher. Un homme était là, qui poussait des suppliques de loup, qui geignait, qui râlait. Un homme était là et mes soldats se mettaient les mains sur les oreilles pour ne pas entendre ces sons de bête. J'ai pris un fusil et j'ai tiré en pleine nuit dans la direction des cris. Pour qu'il cesse de nous miner avec ses hurlements de gargouille. J'ai tiré et un éclair de feu a traversé la nuit. S'il y avait eu des corbeaux sur le champ de bataille, ils se seraient envolés d'un coup. Mais il n'y en avait pas. Nous n'avons rien vu. Et puis, quelques minutes plus tard, les cris ont repris, plus lointains, plus étouffés. Coup de feu inutile contre l'immensité gelée de la nuit. Coup de feu impossible contre le cri de la guerre. Je lutte contre personne. Il aurait juste fallu s'arracher les oreilles. On ne peut pas tuer un mort. Et cette nuit-là, cette première nuit d'accalmie après la boucherie, ce sont les morts qui ont pris la parole et nous avons dû écouter leur chant démembré.

LE MÉDECIN

J'ai bien vu, lorsque je lui parlais, qu'il était déjà loin. Et que, ni moi, ni personne ne pourrait plus le faire changer d'avis ni même, à mon sens, le retarder d'une seconde dans ses projets. Je ne saurais pas expliquer ce qui a fait naître en lui ce désir. Le seul, peut-être, qui aurait pu le retenir, le seul qui avait la force pour cela et qui se serait permis de le serrer dans ses bras, de soutenir son regard et de l'obliger à se rasseoir au fond de sa tranchée, c'est Jules. Mais Jules était parti. Et même. Je me demande si Jules ne l'aurait pas suivi. Car en lui aussi était né le désir d'aller jusqu'au bout. Tout seul. Pour son propre compte. Mener ses propres batailles. Et laisser derrière soi les fourmilières tueuses. C'est ce que Marius avait décidé de faire quand il est venu me voir. Je l'ai vu. Je l'ai senti tandis que je lui parlais. Et l'envie m'a pris de lui dire combien il avait raison et combien je pouvais le comprendre.

MARIUS

Je suis retourné à la tranchée. Boris m'y attendait. Je lui ai dit que la relève ne viendrait pas ce soir. Je lui ai dit que je n'attendrais pas. La journée avait été longue. Nous nous étions battus pendant plus de dix heures. Nous avions fait notre devoir pour aujourd'hui. Sous les bombes. Face aux baïonnettes. Nous avions fait notre devoir. Maintenant je m'en vais. Pas à l'arrière. Je ne suis pas un lâche. Je veux aller jusqu'au bout. Je n'attendrai pas la relève. Je ne veux pas d'une nouvelle attaque. Ils nous ont lancés ce matin comme une meute de chiens, mais je me rends compte ce soir que nous n'avons pas suivi toutes les pistes. Je ne te demande rien, Boris.

Surtout pas de me suivre. Cela n'a rien à voir avec de la fraternité. Cette nuit n'a pas tout donné. Et j'ai décidé de l'étreindre tout entière.

BORIS
Marius a parlé et sa voix sourde me glaçait les sangs et me réchauffait le cœur. Il a parlé et puis il a enjambé la crête de la tranchée et les barbelés qui la défendent. Se glissant dans la nuit comme un plongeur dans l'eau calme. Je ne sais pas ce que tu cherches, Marius. Je ne sais pas si c'est parce que tu n'as pas eu ton compte de sang que tu pars à la chasse d'un nouveau gibier. Mais je sais que tu te soustrais à la tranchée. Je sais que tu disparais déjà à mes yeux et je veux, moi aussi, disparaître. Alors attends-moi, Marius, attends-moi, je te suis.

LE GAZÉ
Je me suis endormi. Il ne fallait pas. Je m'étais bien dit qu'il ne fallait pas. Rester vigilant. Rester concentré. Serrer son arme et ne compter que sur ses propres forces. Je me suis endormi. Et maintenant je ne sens plus du tout ma jambe. Et je serais bien incapable de dire si cela coule encore, si la plaie s'est cicatrisée ou si par ce trou a coulé quasiment tout mon sang et que maintenant la source est tarie. Il ne faut pas rester ici. Maintenant que je me suis réveillé, il faut sortir de mon trou d'obus et rejoindre les camarades. Je vais me hisser à la force des bras. Et de là-haut je verrai à quoi ressemble la situation. Il fait nuit. A moins que je n'y voie plus. A moins que mes yeux ne soient morts pendant mon sommeil. Non. Il n'y a que la jambe. C'est

la nuit noire. Il faut attendre. Trop tôt pour s'aventurer dehors. Le trou d'obus peut encore servir. Je vais me coller bien au fond et regarder ce ciel de suie. Une ou deux étoiles, à peine. C'est calme. Je n'aurais jamais cru pendant la charge, pendant les crépitements d'armes et les hurlements d'hommes, je n'aurais jamais cru que le silence puisse exister à nouveau. Je vais m'enivrer de cela. Et reprendre des forces. Ma vraie bataille à moi est pour bientôt.

JULES
Je marche. On me laisse passer. On pousse les jambes. On se colle contre la paroi. Je pense à Boris et à Marius qui n'ont pas reçu de petit papier bleu. Je pense que je pourrais déchirer le mien. Mais je ne le fais pas. Je marche le long des boyaux. Je n'éprouve pas de fatigue. Mais aucun soulagement non plus. Le sifflement dans l'oreille continue à me rappeler les bruits de la journée. Gerbes de terre. Course à pied. Les cris. Les balles. Le souffle coupé. Impossible de dire ce qu'il s'est passé. Ce n'est qu'un grand nuage de fumée traversé par des hommes terrifiés. Les mains qui tremblent. Des corps qui tombent. Je suis un rescapé.

Je croise de plus en plus de nouveaux. Par petits groupes affairés. Est-ce qu'ils comprennent d'où je viens en me regardant passer ? Est-ce qu'ils voient, à la façon dont j'avance, que je suis plus vieux qu'eux de milliers d'années ? Je suis le vieillard de la guerre qui rase les parois des tranchées. Le vieillard de la guerre qui n'entend plus rien et marche tête baissée. Ne pas faire trop attention à eux. Rester concentré sur mes jambes. Je dois tenir jusqu'au train. Ils prennent place dans les tranchées. Je connais le nom de ceux qu'ils remplacent. J'ai mangé avec les cadavres qu'ils ensevelissent. Mais que leur importe le nom des tués. C'est leur tour, maintenant, de jouer leur vie aux dés. Ils sont nombreux. Forts et bien équipés. Je ne suis plus un homme, comme eux. Je sors de la dernière tranchée maintenant. Voilà. La marche va bientôt cesser. La gare est là. Je lève la tête. Je n'en crois pas mes yeux. Une foule incroyable de soldats, d'armes et de caisses entassées. Des trains entiers ont dû se succéder pour déverser ce peuple de soldats. Ils piétinent le sol sans avancer. Encombrés par leur propre nombre. Ne sachant où aller. Attendant de recevoir des ordres. Attendant de connaître leur affectation. Attendant pour monter au front et prendre position. Une foule entière. Une nouvelle vague pour tout recommencer. Je me fraye un passage. Nous sommes si peu à prendre le train dans l'autre sens. Je me fraye un passage au milieu de ceux qui vont me succéder. Ils ne tarderont pas à me ressembler. Je garde la tête baissée. Je ne veux pas qu'ils me voient. Je ne veux pas leur laisser voir ce que sera leur visage épuisé. Je suis le vieillard de la guerre. J'ai le même âge qu'eux mais je suis sourd et voûté. Je suis le vieillard des tranchées, je marche la tête baissée et monte dans le train sans me retourner sur la foule des condamnés.

II

LA PRIÈRE

JULES
Mes tympans ne sifflent plus. Même ce bruit-là ne parvient plus jusqu'à moi. Je suis plongé dans un silence épais. Seul. Assis dans le train. La tête contre la vitre. Personne d'autre dans le compartiment. Pas un bruit. Le train roule. Oui. Je vois le paysage défiler doucement. Je laisse derrière moi la gare envahie par la marée de la relève. Je laisse derrière moi Marius, Boris et ma tranchée. Je suis sourd. Plus un bruit. Comme si nous glissions le long des rails sans même les toucher. Plus de sifflement. Plus qu'un grand silence épais. Le train roule. Je le sens qui bouge et sursaute. Je sens les tremblements, les vibrations, les à-coups qui montent le long du siège et secouent mon corps tout entier. Je sens. Mais je n'entends rien. Ni le crissement des roues, ni le rythme saccadé de la course. Je n'entends pas l'effort de la grosse bête d'acier qui tire ses wagons en suant de la fumée.

Le train roule. Je suis assis. Le train roule. Je peux ouvrir la fenêtre et sentir l'air me battre le visage. Nous sommes loin déjà. A peine dix minutes que nous roulons et tout a disparu. Il y a de nouveau des villages et les hommes, ici, ne vivent pas comme des termites, ensevelis sous la terre. Le train roule depuis à peine dix minutes et pourtant plus aucun obus, ici, ne peut m'atteindre. Et même le plus fort de tous les Allemands, même la plus puissante de toutes les machines de guerre, si elle le voulait, ne pourrait plus me toucher. Je suis sauf. Je pars pour Paris. Et à chaque seconde, à chaque mot que je prononce, les tranchées s'éloignent de moi un peu plus. Mais d'où me vient, alors, cette indéfinissable envie de pleurer ?

Le voyage continue. Dormir. Je ne peux pas. Dès que je fermerai les yeux, je retrouverai la tranchée. Je le sais. Non. Il faut tenir éveillé. Regarder la terre qui défile. Chaque mètre, chaque kilomètre, m'éloigne un peu plus. Les compter jusqu'à l'arrivée à Paris. Pour me laver les yeux. Je suis blotti contre la vitre. Concentré pour ne pas dormir. Concentré pour ne pas laisser passer un seul arpent de terre. Je suis seul. Enfoui sous mon manteau. Acceptant les secousses du train. Acceptant le silence dans lequel je suis plongé. Il s'est mis à pleuvoir. Une goutte vient de s'écraser sur la vitre. Il s'est mis à pleuvoir de cette pluie que je connais bien. De cette pluie qui a accompagné nos nuits de peur. Et nous a fait rentrer la tête dans les épaules. Une pluie glacée qui nous a fait chercher un abri quand nous savions qu'il n'y en avait pas. Une pluie qui inonde les tranchées par le bas jusqu'à ce que les pieds disparaissent dans la boue. Il s'est mis à pleuvoir de cette pluie-là que je connais et que j'ai appris à craindre plus que l'ennemi. Mais je suis assis contre la vitre et mon corps est sec. Je vois les gouttes s'abattre contre la vitre et s'y écraser. Aucune ne peut m'atteindre. Je suis protégé. Bel et bien à l'abri. Je roule vers Paris. Je ne crains pas la pluie.

Je me souviens de la dernière fois, lorsque j'avais pris, comme aujourd'hui, un train pour m'extraire des tranchées et retrouver Paris. Une vie entière semble avoir coulé entre-temps. Les coups que j'ai donnés. Les nuits où je n'ai pas dormi. Une vie entière, cramponné à mon fusil. Je me souviens de cette déception. Pas déçu d'être arrivé. Non. Déçu par la trop grande rapidité. J'avais rêvé à un voyage de plusieurs jours. Avec des changements. Où l'on traverserait des paysages difficiles. De hautes montagnes. Des cols à gravir. Des fleuves. Quelque chose de long et de périlleux. Mais non. En quelques heures à peine, le train pouvait relier le front à Paris. En quelques heures à peine. C'était presque révoltant. C'est si simple et si facile. Quelques heures de train suffisent pour être sauvé.

La première fois, je pensais que la gare, à Paris, serait bondée. Que des gens seraient là, et qu'ils se précipiteraient pour m'interroger. Je pensais qu'il y aurait des femmes venues avec leurs enfants, des journalistes, des badauds. Tous désireux de savoir. Tous prêts à répandre les dernières nouvelles du front dans la ville. On ne peut pas s'empêcher de penser cela. Ne serait-ce qu'une fraction de seconde. Mais la gare est vide. Chaque fois vide. Personne ne vous demande rien. Il n'y a que les soldats qui font la guerre. La gare est toujours vide. Et tout à l'heure, je n'entendrai pas même le haut-parleur annoncer l'arrivée en gare du train des blessés. Je n'entendrai rien. Je marcherai dans le silence épais de ma surdité. Et ce sera mieux ainsi.

Je me souviens que la dernière fois, ce qui m'avait le plus frappé, c'étaient les femmes dans la rue. Partout. Tout habillées. Toutes parfumées. J'avais oublié. Oublié au point même de ne pas m'y être préparé. Je pensais tout simplement que cela n'existait plus. Mais elles étaient là. Elles remplissaient les rues. Je ne les quittais plus des yeux. Je les regardais toutes. Et tout au fond de moi naissait un désir que j'avais oublié. C'était comme si mon sexe avait dormi pendant des mois et qu'il se réveillait d'un coup. Je ne me souvenais plus de la sensation que cela faisait de sentir son sexe. Comme une partie de son corps. La plus vivante, la plus chaude, la plus tendue. J'avais oublié à force de ne m'en servir que pour pisser que l'on pouvait bander. Je regardais toutes ces femmes. Je les suivais. Et je faisais tout pour ne pas quitter du regard leur déhanchement. Ce que j'imaginais de la chute des reins. Le désir était là et il n'était pas question de s'y soustraire. Il fallait assouvir la faim du nouveau-né. Je n'avais pas pensé à cela. J'étais venu à Paris avec l'unique souci de me reposer. De louer une chambre dans un hôtel et d'y dormir durant sept jours. Et je pensais que l'unique enjeu serait de trouver le sommeil et de m'y accrocher. J'avais établi des plans pour cela. J'étais prêt à m'assommer d'alcool pour dormir. Mais aux femmes, non, je n'avais pas pensé. Imbécile que j'étais. Mon sexe s'était réveillé et il ne fallait plus penser dormir.

Aujourd'hui, ce sera la même chose. Comme la dernière fois. Le choc des femmes. Lorsque je ferai mes premiers pas dans Paris. J'en suivrai une jusqu'à ce qu'elle remarque ma présence. J'en suivrai une et je la déshabillerai des yeux. Il faut que je me calme, il faut lutter contre les coups de boutoir du corps. Il crie. Il appelle. Il veut manger. Il veut jouir. Il faut lutter. Je me sens prêt à violer. Il faut que je me calme. Le temps a passé, Jules. Tu es vieux de milliers d'années. Tu es vieux des tranchées. Ton corps est ridé de tous ces obus, de toutes ces balles tirées. Un homme qui a appris à tuer, un homme qui a tenu un fusil, qui a dû se plier aux règles de la peur et de la survie sauvage comme tu l'as fait, sait-il encore s'occuper d'une femme ? Tu vas la déshabiller et l'étreindre, tu vas l'enlacer et qui te dit alors que tu ne l'étrangleras pas ? Que tu ne la frapperas pas au visage ? Car les seules étreintes que tu aies connues, les seules étreintes d'aussi loin que tu te souviennes, sont des étreintes de mort. Et si tu parviens à faire taire les réflexes de ton corps qui font de toi un tueur, est-ce que tu parviendras à retrouver le plaisir ? La jouissance est loin, Jules. Quand tu bandais au front, c'était de toute la longueur d'un fusil, et tes éjaculations étaient de feu. Tu es allé trop loin. Bien au-delà de ce dont le corps peut se souvenir. Tu es allé trop loin et tu ne pourras pas revenir. Il faudra que tu contrôles tes yeux. Que tu regardes la rue. Que tu regardes les voitures. Que tu regardes tes pieds. Tu n'es plus un homme, Jules, tu n'es plus un homme, tu es une bête fauve qui veut manger par la bouche, manger par le sexe, et boire toute la nuit.

LIEUTENANT RÉNIER
Je n'avais jamais pensé voir cela. Que la guerre se fasse ainsi. Et personne jamais ne m'avait préparé à cela. Ni à l'école des officiers, ni ailleurs. Pourtant de la guerre, je sais bien des choses. Je connais le nom de toutes les armes, leur portée, leur puissance, leur défaut. Je sais la grande histoire des batailles. Et comme tous mes camarades, dans cette grande fresque de fureur et de poudre, j'ai choisi mes héros et mes ennemis. Je voulais faire la guerre et je le

veux encore. Mais je regarde mes hommes s'affairer dans cette tranchée et je vois des soldats termites. Et creuser la terre, s'enfoncer le plus profond possible sous le niveau de la surface du sol n'est pas une manière de faire la guerre. Mais juste, peut-être, une façon de ne pas la perdre. Et je n'aime pas cela. Je le fais bien sûr. J'obéis. Mais je n'aime pas cela. L'ennemi est là, à trois cents mètres, dans les tranchées que les nôtres avaient aménagées quelques jours auparavant, l'ennemi est là, à portée de voix. Il creuse lui aussi. Pour se cacher, comme nous. Est-ce celui qui aura creusé le plus profond qui gagnera la guerre ? Ce n'est pas cette guerre-là que j'ai apprise.

Comme la nuit est longue. Je voudrais savoir si toutes mes nuits, désormais, s'étireront ainsi, à l'infini, ou si je finirai par m'habituer et réussir à dormir même peut-être un peu. Ripoll monte la garde. Il est immobile. Il fixe l'obscurité et je jugerai à en croire sa concentration qu'il y voit comme en plein jour. J'ai ordonné à Messard et à Barboni d'aménager la tranchée. Ils creusent, tassent la terre. Remettent en place des planches de bois. Deux silhouettes épaisses qui travaillent en silence. Ils arpentent la tranchée dans un sens, puis dans l'autre. Et petit à petit, ce trou devient le nôtre.

Castellac et Dermoncourt vérifient l'armement. Ils astiquent les fusils et aménagent des visières. Les autres se reposent, tassés, reclus dans des cavités de terre humide. C'est un petit peuple d'insectes ouvriers dans la nuit. Nous faisons les mêmes gestes que nos prédécesseurs. Et petit à petit nous devenons les hommes de la terre. Invisibles. Meurtriers tapis au ras du sol. Aux aguets.

Le sergent du poste A est venu. Nous avons entendu son pas lourd et ses grognements de gros animal. Il s'est planté devant moi et n'a rien dit d'abord car il reprenait son souffle. J'entendais son corps secoué par l'effort, son corps tout entier qui demandait de l'air et j'ai vu dans ses yeux que ce qu'il avait à me dire le remplissait de délice. Une jubilation ovine dans les yeux. Et il prenait son temps. Il récupérait pour être sûr de pouvoir tout me dire d'une seule traite. Les hommes se sont arrêtés de travailler. Ils voulaient entendre ce que cet impotent avait à dire. Et c'est ce qu'il attendait, lui, que tout le monde le regarde, que tout le monde soit suspendu à ses lèvres. Alors seulement il a parlé. "C'est pour tout de suite. Vous montez à l'attaque à onze heures pétantes. Il faut reprendre une position perdue. Qu'ils ne s'endorment pas en face. On profite de ce que la relève, paraît-il, n'a pas été faite chez eux. C'est un poste avancé. Ils sont coupés de leurs premières tranchées. Vous faites l'opération avec un autre groupe qui partira plus à l'ouest dans la tranchée. Il faut être précis et simultané. A onze heures précises. A moins cinq, les artilleurs ouvrent la danse. Après c'est à vous." Je me souviens de sa joie profonde, de son excitation gourmande. Il a repris son souffle et il a ajouté en souriant. "On vous déniaise, mon lieutenant." Je me souviens de son sourire. J'ai eu envie de le gifler. Mais le sergent n'a pas d'importance. Je le fais disposer. Et il repart en soufflant et crachant. Je crois qu'il aimerait bien rester avec nous. Nous voir saisis par la peur de l'attaque imminente, nous voir attendre, nous voir nous lever et disparaître en hurlant, vers les lignes ennemies. Il aimerait bien mais la peur malgré tout l'emporte et il préfère retrouver la moiteur sale de son boui-boui. Onze heures. Il me reste une demi-heure. Personne ne parle. Chacun a pris son fusil et l'astique maintenant. Je regarde ce terrain devant nous. Ce terrain tout bosselé où nous allons avoir à courir de toutes nos forces. A courir jusqu'à en perdre haleine en espérant qu'aucune balle ne nous fauche. Je me demande si je tuerai un homme cette nuit. Si je verrai son visage. Si j'aurai la force. Je me demande si j'aurai du courage à onze heures ou si je resterai blotti dans le fond de la tranchée comme un animal blessé.

Tout le monde tremble. On se regarde le moins possible. Chacun se concentre sur sa peur, pour essayer de l'endiguer. Pour ne pas la laisser exploser. Qu'elle ne prenne pas le contrôle des jambes. Qu'on ne se vide pas sur place. Chacun se concentre sur les muscles de son ventre et sur sa mâchoire. Plus que quelques minutes. C'est la guerre maintenant. Et c'est nous qui la ferons. Plus que quelques minutes. Mes jambes ne trembleront pas. Ce n'est pas possible. Je suis officier. C'est moi qui irai en premier. Et ils me suivront. Je voudrais presque déjà y être. Pour pouvoir courir. Cela seul, je crois, me fera du bien. Est-ce qu'il faudra courir longtemps ? Je fais circuler ma bouteille de gnôle. Plus que quelques minutes. Chacun en prend une gorgée. Puis la fiole me revient et je la finis. Cela fait du bien. La peur est là toujours. Mais je sens que je vais courir vite. Que je serai un guépard et qu'ils ne me verront pas bondir sur eux. Ça y est. Onze heures moins cinq. Les tirs d'obus commencent. Ils tirent du 75. Premières explosions à cinq cents mètres devant. Nous nous blottissons dans notre tranchée. Partout devant, le bruit des explosions et des gerbes de terre qui retombent. Le grand vacarme a commencé. Et c'est mieux que le silence lent de l'attente. Je regarde ma montre. Encore une salve d'artillerie et c'est à nous. Les obus tombent dru. Il faut y aller maintenant. Je me lève. Ça y est. J'ai pu me lever. Je regarde en face. On ne voit que de la fumée et des trous béants, tout chauds de poudre. Je remplis mes poumons. Il faut y aller. Je crie "à l'attaque !". J'enjambe le parapet. Tous les hommes me suivent. Je cours maintenant. Ils sont derrière moi. J'entends le cliquetis de leur équipement. J'entends les pas de notre course. Plus vite qu'un guépard. Tout droit. Sans faiblir. Je ne pense à rien. Je me concentre sur ma course. Les lignes ennemies approchent. Je les vois maintenant. Je discerne des silhouettes qui dépassent des tranchées. C'est vers eux que je vais. Ce sont eux les ennemis. Eux qu'il faut tuer. Ils sont près. Je cours encore. Je ne sens aucune fatigue. Je me sens rapide comme un fauve. Je vais…

QUENTIN RIPOLL
Le lieutenant tombe. Je suis juste derrière lui. Je le vois s'effondrer d'un seul coup et s'écraser face contre terre. Je saute par-dessus son corps. La tranchée ennemie est à dix mètres à peine.

DERMONCOURT
Les gars sont là avec leurs baïonnettes dressées vers le ciel. Il va falloir sauter au milieu de cette forêt de couteaux. J'ajuste. Je vise. Je tire. Un type en face vient de s'effondrer. Est-ce que c'est moi qui l'ai tué ? Je tire à nouveau. Et encore une fois. Partout où cela remue. Je saute dans

la tranchée. Ce boyau est jonché de corps disloqués. Je voudrais avoir des yeux derrière la tête. Je voudrais avoir mille yeux sur tout le corps. Que rien ne m'échappe. Etre plus rapide qu'eux tous. Je voudrais ne leur laisser aucune chance. Mais je sais bien que ce n'est pas ainsi. Je sais bien que je ne verrai pas la balle qui me fauchera.

CASTELLAC
Je ne vois rien. Trop de silhouettes qui bougent. Trop de fumée et de cris. J'ai peur de tirer sur un des nôtres. J'entends Messard qui hurle. Il gueule à pleins poumons. Je l'entends hurler et je le bénis pour ces exhortations lancées au ciel. Car dans la mêlée de l'attaque, ces cris, si violents, si bestiaux, je les écoute et je les suis.

BARBONI
Il faut les saigner. Au fusil, à la baïonnette, ou au couteau, il ne faut pas trembler. Je suis dans la tranchée. J'ai vu Dermoncourt y sauter avec moi. Il faut mettre le feu à la fourmilière. J'entends un type qui hurle en allemand. Il est à ma gauche. Il me tourne le dos. Il gueule des ordres à un autre que je ne vois pas, planqué probablement dans un trou. Il doit y avoir là un trouillard, blotti dans une sorte d'abri. Je vise. J'abats le gars d'une balle en pleine nuque. Il ne crie plus. Vite, il ne faut pas perdre de temps. Je saisis une grenade et la fais rouler dans le trou. Explosion étouffée qui fait gronder la terre sous mes pieds. D'énormes volutes de fumée noire sortent du trou calciné.

MESSARD
Je ne sais pas combien ils étaient. Je ne sais pas combien sont morts sous la pluie de 75 que les artilleurs leur avaient réservée avant notre arrivée. J'ai emmené Castellac avec moi. Nous avons sauté ensemble. Mais dans la tranchée, à nos pieds, il n'y avait que des morts. A moitié recouverts de terre. Que des morts emmêlés les uns aux autres, comme dans une fosse commune. Mais sans chaux. Avec des éclats d'obus, juste, pour les recouvrir.

RIPOLL
Cela n'a pas duré longtemps. Quelques minutes à peine. Et puis plus rien. Les coups de feu ont cessé. Pour la première fois j'ai relevé la tête. J'ai vu Dermoncourt et Barboni à côté de moi. Et à côté d'eux d'autres camarades. Tous surpris d'être en vie. Tous, osant à peine relever la tête et relâcher les doigts de leur arme. C'est fini. Voilà, Ripoll. C'est fini. Pour la première fois, tu as tué.

CASTELLAC
J'ai demandé au type à côté de moi s'il allait bien. Une balle lui avait traversé le bras et il saignait beaucoup. C'est là que Barboni s'est mis à rire. D'un rire colossal. Il a hurlé quelques mots d'allemand que je ne comprenais pas et puis il s'est mis à rire. En disant qu'ils avaient déguerpi. Que tout le monde était crevé. Que ces salauds-là en avaient eu pour leur compte. Et il riait à gorge déployée. Mais cela avait des accents de cri de rage. Et lorsqu'il s'est arrêté, son visage était si convulsé que j'ai cru qu'il allait éclater en sanglots. Mais il n'en a rien fait. Il a tenu.

MESSARD
Nous avons repris la position. Tous les Allemands sont morts. Ils n'étaient pas nombreux. Quelques types qui devaient attendre, la peur au ventre, la relève. Quelques types épuisés qui s'étaient déjà battus toute la journée. Nous sommes arrivés avant leur relève. Je ne crois pas que cela soit drôle. Et je ne crois pas que Barboni ait eu raison de rire. Et puis il y avait nos morts. Même s'ils n'étaient que deux. C'était rire d'eux aussi. Et il n'aurait pas dû.

CASTELLAC
Quentin m'a fait signe de le suivre. Je l'ai vu sauter hors de la tranchée et repartir vers nos lignes. Puis s'arrêter, se pencher et commencer à tirer un corps. Je l'ai rejoint. C'est là que j'ai reconnu le visage du lieutenant Rénier. Mais il avait, sur la face, une expression que je ne lui avais jamais connue. Il était calme et élégant d'habitude. Une autorité puissante mais sereine. Je le regardais maintenant et il avait les yeux et la bouche grands ouverts. Comme s'il essayait de crier ou de boire tout l'air du champ de bataille. Comme si sa gueule affreuse s'ouvrait jusqu'au déchirement pour tenter de respirer encore. Une gueule de gargouille. Et c'est comme ça que j'ai su qu'il était mort. Je me suis dit que, vivant, il n'aurait jamais fait une telle grimace. Même avec la peur au ventre. Même avec une jambe arrachée. Il avait la gueule déformée de la mort. Et il y avait quelque chose d'inconvenant à voir que la mort lui avait refusé son masque paisible. Qu'elle s'était ri de lui, en lui imprimant ainsi un visage convulsé de satyre. Il était mort. Et pas comme il aurait mérité de l'être. Il avait

la stature d'un capitaine. Il aurait dû avancer vers la mort comme le commandant du navire en perdition qui va bientôt être englouti par les flots et qui, une dernière fois, les mains posées sur la rambarde, contemple le spectacle de sa défaite. Au lieu de cela, il a la bouche grande ouverte et les yeux écarquillés. Au lieu de cela, il semble crier encore à l'attaque alors qu'il gît dans la boue, que son corps est froid et que plus personne, jamais, n'entendra sa voix. La mort s'est jouée de lui. Elle l'a pris de plein fouet. Pour sa première charge. C'était un homme et il méritait mieux que cela.

MESSARD
J'ai vu arriver Castellac et Ripoll. Ils portaient un corps. Chacun d'eux en tirait un bras. Leurs mouvements étaient lents et fatigués. Lorsqu'ils sont arrivés, ils l'ont fait glisser dans la tranchée. Il a glissé à mes pieds et j'ai vu qui c'était. Le lieutenant Rénier nous a conduits jusqu'ici, avec ses airs de fier dragonnier. Il nous a menés jusqu'au front et il nous y laisse. J'ai compris alors que la relève, ce n'était pas tout à l'heure que nous l'avions faite, tout à l'heure lorsque nous étions arrivés dans cette tranchée abandonnée de tous et que nous avions pris position. La relève se fait maintenant. Le lieutenant Rénier est mort et avec lui disparaît tout son siècle. Car ce jeune homme était plus vieux que nous tous. Le fils d'une société et d'une caste qui s'est battue sur d'autres fronts, avec d'autres méthodes. Il a cru – parce que ses ancêtres le lui avaient appris – que cette guerre se gagnerait ou se perdrait comme les autres. Il l'a cru. Et sa tête résonnait de la charge puissante des

cavaleries sabre au clair. Mais le vieux siècle est mort. Et avec lui ses fils. Nous les enterrons ici. Ils sont nombreux à tomber, tous dans les premières charges, tous dans les heures qui suivent leur arrivée. Ils tombent, une belle phrase sur les lèvres qu'ils n'ont pas le temps de prononcer. Ils tombent parce que leurs chevaux se font faucher par le tir des mitrailleuses. Ils tombent et ils n'ont plus le bel uniforme de leurs pères. C'est mieux ainsi peut-être. Car que feraient-ils ici, avec nous, dans ce nouveau déluge qui ne ressemble à rien ? Ils tombent parce que leur temps est passé. Et ils nous laissent seuls dans ce siècle béant qui happe des hommes et vomit de la terre. Ils nous laissent dans ce siècle qui naît à peine et pousse des rugissements sanglants, fait des rots mortels et se nourrit de balles. Le vieux siècle meurt et nous n'avons pas le temps de l'enterrer. Tes ancêtres, lieutenant Rénier, ont eu plus de chance que toi. Nous sommes la relève. Et nous ne connaissons rien de ce front, rien de cette guerre, rien des règles qui régissent le combat. Nous sommes les fils de l'ogre. Ce grand siècle moutarde qui naît a commencé par tuer les hommes qui n'étaient pas siens, et maintenant il nous regarde nous. Ses fils. Il sourit. Il a faim.

LE GAZÉ

Il faisait sombre mais j'ai appris à voir dans l'obscurité. Alors je me suis hissé tant bien que mal le long de la paroi de mon trou d'obus. Je me suis hissé. Je ne sentais plus ma jambe mais mes bras étaient forts et j'ai réussi à hisser mon corps de soldat mort jusqu'à l'orée du trou. Et j'ai vu alors ce qu'était la situation. J'ai compris que le combat avait commencé et qu'il serait plus dur que je ne le pensais. Je me suis fait dépasser. Je suis perdu. Au-delà des lignes ennemies. Ils sont là, devant, à six ou sept cents mètres. Ils me tournent le dos et regardent, impassibles, les tranchées des miens. Ils sont là aussi derrière moi. Avec leur mortier et leur fusil braqué dans ma direction. Je me suis trop attardé ici. Je suis maintenant au-delà de la première ligne allemande. Et il ne suffira pas de me traîner vers les camarades. Cela aurait été dur. Je le savais mais j'étais prêt. Maintenant, je vois que cela ne suffira pas. Car il faut passer une ligne ennemie. Je suis loin. Tout seul dans ce trou profond au milieu d'une bande de terre désertée. Alors je me suis laissé glisser à nouveau tout au fond du trou. Je n'étais pas prêt à ce combat. Je voulais réfléchir. Et j'avais besoin de temps. J'aurais probablement désespéré car je sentais bien que mes forces étaient entamées. Mais j'ai pensé à la mer et à ses marées. Et je me suis concentré sur cette idée. La mer que je voulais atteindre pour y laver mes plaies a disparu. Laissant une immense plage infranchissable. Ils ont reculé loin. Le front est à marée basse. Mais il remontera. Ils ne tarderont pas à faire une offensive. Les Allemands reculeront. La guerre, depuis tant de mois, n'est faite que de ce mouvement nauséeux de va-et-vient. La mer va remonter. Je n'ai qu'à attendre. Attendre qu'elle mange la plage et vienne jusqu'à mon trou d'obus. La mer va remonter.

DERMONCOURT
Nous réalisons petit à petit que nous occupons désormais un avant-poste particulièrement exposé.

Les ennemis sont à cinq cents mètres à peine. Nous pouvons presque les voir. La tranchée de l'Oural. La tranchée de la Tempête et celle de l'Orage. Le poste A, l'infirmerie. Tout cela est loin derrière. Nous sommes seuls ici. A la pointe du front. Et si la tempête se lève, il ne fait aucun doute que c'est nous, d'abord, qu'elle engloutira.

BARBONI
J'apprends à détester la pluie. Elle se glisse partout. Je la sens couler le long de mon échine. Je la sens me geler les chairs. Aucun moyen de s'y soustraire. Aucun moyen de se sécher. Il faut accepter d'être inondé en permanence. Attendre les ordres. La terre tout autour de nous, la terre rugueuse et solide pour laquelle nous nous battons, prend des airs de marécage. Tous les trous d'obus s'emplissent de vase. Les parois des tranchées suent de la boue. Et cela colle aux uniformes. Nous glissons sans cesse. Il faut s'y faire. Tout est trempé, et cela ne fait que commencer. Cette pluie-là ne lave de rien. Cette pluie-là ne soulage pas comme les beaux orages d'été. Elle mine au contraire. Et à force de courber l'échine, instinctivement, comme de vieux chiens, le corps s'épuise. Cette pluie-là est notre ennemie. Il ne faut pas faire de bruit. J'ai froid.

RIPOLL
Nous ne pouvons ni rapatrier les blessés ni enterrer nos morts. L'ordre était de tenir jusqu'à de nouvelles instructions. Il faut attendre. Les blessés essaient de se protéger contre la pluie. Ils se serrent et frémissent de tout leur corps. Et

les morts, au fond des tranchées, se laissent lentement submerger par la vase. Leurs cheveux baignent dans la boue. La pluie, petit à petit, les engloutit. Il faut attendre et s'habituer à la présence silencieuse de ces cadavres que la pluie ne fait pas cligner des yeux ni le froid grelotter. Ils nous tiennent compagnie. Ils nous tiennent.

MESSARD
Je regarde Castellac claquer des dents. Je l'aime bien. C'est un jeune homme à peine sorti de l'enfance. C'est un jeune homme que la guerre est allée chercher dans son champ. Il a posé la bêche. Il a pris le fusil. Et ces yeux clairs ne cessent pas de s'ouvrir tout grands sur ce monde qui gronde et craque de partout. Mais il est solide et ses mains ne tremblent pas au moment de tirer. C'est un homme sur lequel on peut compter. Il n'a pas la fragilité nerveuse de Barboni. Ça n'a rien à voir avec la peur. Tout le monde a peur. Mais Barboni, lui, essaie de le cacher. Et Barboni, je crois, s'il était en danger, ne reconnaîtrait plus un seul de nos visages, ne répondrait plus à un seul de nos appels. Il se sauverait sans regarder derrière lui.

Je m'approche de Castellac. Je m'assois. Et nous parlons. A voix très basse pour ne pas faire trop de bruit. A voix très basse pour que la pluie couvre nos paroles. Et Castellac me raconte son histoire. Et je comprends mieux pourquoi il y a dans son regard quelque chose de constamment à vif. Comme l'attente du couperet. Comme une peur permanente qui dépasse la crainte de sa propre mort.

CASTELLAC
J'ai trois frères, tu sais, Messard. Trois frères plus âgés que moi. Et nous sommes tous les quatre au front. Lorsque la mobilisation a été décrétée, mes parents n'ont pas réalisé tout de suite ce que cela signifiait. Nous sommes partis tous les quatre. Et puis, très vite, on nous a séparés. Je veux dire, on m'a séparé d'eux. Ça s'est trouvé comme ça. Ils sont tous les trois ensemble, à une trentaine de kilomètres au nord. Tous les trois dans le même régiment. Et moi je suis ici. Je ne sais pas ce qui aurait mieux valu. Je suis sûr que ce doit être dur de faire la guerre au milieu des siens. Ici au moins, je suis seul et je me concentre sur moi. D'une certaine manière, c'est plus simple. Mais lorsque je cesse d'avoir peur pour moi, j'ai peur pour eux. Nous sommes quatre. Et je me doute bien que les quatre ne reviendront pas. Il m'arrive parfois de faire un cauchemar. Toujours le même. Je vois trois d'entre nous qui rentrent à la ferme. Trois hommes qui marchent sur le petit chemin de terre qui traverse les champs. Au loin apparaît la maison. Je suis avec ces trois hommes mais je les vois de dos. Et je ne sais pas qui ils sont. Je ne sais pas si je suis l'un d'eux, ou si je suis l'ombre qui manque. Je les suis de dos et je voudrais qu'ils se retournent pour pouvoir nommer le mort. Mais ils marchent. Dans mon rêve, j'envisage toutes les possibilités, je fais toutes les combinaisons possibles. Et puis les trois hommes approchent. Sur le seuil de la porte, il y a mon père et ma mère qui se tiennent serrés. Eux aussi ont bien dû voir qu'il n'y avait que trois hommes, qu'un manquait, mais ils ne discernent pas encore les visages. Les trois revenants se rapprochent encore. Et je vois alors ma

mère hurler et courir à leur rencontre. Elle court de joie pour étreindre les vivants, mais elle hurle pour le mort. Je vois son visage déformé par la douleur. Et c'est toujours ici que je m'éveille.

RIPOLL
Nous étions plongés dans le silence depuis longtemps, lorsque nous avons vu un homme surgir de nulle part. Il rampait et il s'est laissé glisser dans notre tranchée avec fluidité. J'ai mis du temps à comprendre. Mais j'ai vu tout de suite que c'était un Allemand et qu'il n'était pas armé.

CASTELLAC
Je l'ai vu. A quelques mètres de moi. Il s'est relevé, doucement, sans faire de bruit. Nos regards se sont croisés. J'ai lu dans ses yeux une stupeur d'enfant. Il est resté bouche bée. Les bras ballants. Incapable de rien dire. Incapable de comprendre qu'il venait de tomber au milieu de ses ennemis.

BARBONI
J'ai été plus rapide que tout le monde. Personne ne me prend par surprise. J'ai bondi. Avec mon arme. Je l'ai mis en joue. Je le tiens maintenant. Le canon de mon fusil lui touche la nuque. Il peut en sentir le bout froid et dur, là, contre sa peau. Je le tiens. Un geste et il est mort. Il est pris. A ma merci.

RIPOLL
C'est un coursier. Envoyé ici, probablement, pour informer ceux que nous avons tués qu'ils

pouvaient commencer à reculer. Envoyé ici, probablement parce qu'il était jeune et agile et parce que son corps, dans la boue, ne faisait aucun bruit. Il est pris au piège. Il n'en revient pas.

MESSARD
Si je pouvais, je lui dirais de repartir d'où il vient. Que nous ferons comme si rien de tout cela n'était arrivé. C'est si bête. Et je crois que je ne suis pas le seul à penser cela. Nous n'avons que faire d'un prisonnier. Nous sommes bien trop occupés à essayer de sauver nos propres vies. Et c'est si absurde de se faire prendre ainsi. Chacun d'entre nous compatit devant la jeunesse de ce garçon ruinée par tant de malchance. Mais il est là. Stupide et terrifié. Et nous ne pouvons pas le renvoyer là-bas. Alors nous jouons le jeu et nous en faisons notre prisonnier.

CASTELLAC
Barboni l'oblige à s'agenouiller. Il vérifie une seconde fois qu'il n'est pas armé, puis il lui ligote les mains derrière le dos. Il sourit, Barboni. Heureux de cette prise inattendue.

MESSARD
Je me suis rassis. Chacun d'entre nous a repris sa position. Le temps passe. Nous nous sommes réinstallés dans notre silence. Attendant un ordre des nôtres. Oubliant le prisonnier. Le laissant à son sort, sous les yeux intraitables de son vigile, Barboni.

BARBONI
De profundis clamavi ad te, Domine...

RIPOLL
J'ai entendu un coup de feu. Et j'ai vu Barboni, lentement, baisser son bras. Le canon de son arme était encore fumant. A ses pieds gisait le corps du prisonnier. Abattu. Une balle en pleine tête. A bout portant. Son visage est un vaste cratère sanglant où l'on ne voit plus ni nez, ni lèvres, ni yeux mais la chair ouverte, juste, la chair à vif.

CASTELLAC
J'ai tout vu. J'étais à deux pas de Barboni. Je l'ai vu se pencher d'abord doucement sur le prisonnier. Je l'ai vu poser délicatement sa main sur le visage de l'homme, couvrant de toute la paume de sa main la face du blessé. Il a murmuré la prière. Comme un prêtre au chevet d'un mourant. Avec cette main apposée sur ce corps en souffrance. Comme si cette main et ces mots pouvaient apaiser la peur. Et puis il s'est levé. Il était bien droit, il n'a jamais quitté des yeux le visage de l'homme et il a tiré. En plein visage. Avec calme. Avec paix. Il a tiré. Et ce geste monstrueux est une malédiction qui le souillera à jamais. Qui rejaillira sur nous tous. Car nous sommes les camarades de cet homme. Nous étions là et n'avons rien empêché.

DERMONCOURT
Barboni a défié le Ciel. Il l'a appelé d'abord, par cette prière. Il l'a appelé pour qu'un instant, il

pose les yeux sur lui, sur nous, et une fois qu'il a été bien sûr que le Ciel le regardait, il a bafoué son nom et violé ses lois. Il n'y a pas de Dieu qui laisserait faire cela. Et c'est ce que Barboni souhaitait. Le provoquer. L'insulter. Et nous montrer à tous que personne ne répondait, que le grand ciel gris de la guerre était vide et que les hommes ne pouvaient compter que sur eux-mêmes.

MESSARD
Il a prié une dernière fois et lorsqu'il a senti sur lui le regard absolu, il a tué. Pour se bannir à jamais. C'est comme un suicide. Barboni est mort ce jour-là de la balle qui a défiguré le prisonnier. Il le voulait. Parce que la peur, en lui, était trop grande. Alors il s'est banni. Par ce meurtre, il s'est ouvert les veines. Il mettra peut-être du temps à mourir, mais lorsqu'il tombera, ce sera à coup sûr de cette hémorragie-là, née dans la tranchée où pour la dernière fois il a appelé Dieu.

BARBONI
De profundis clamavi ad te, Domine : Domine exaudi vocem meam
Fiant aures tuae intendentes in vocem deprecationis meae
Si iniquitates observaveris, Domine : Domine, quis sustinebit ?

JULES
Le train roule et je me rapproche. Je n'entends ni mieux, ni moins bien. Juste de temps en temps

un son de crissement très lointain. Comme si ce n'était pas moi qui étais dans le train. Comme si je l'entendais passer au loin. Depuis combien de temps n'ai-je pas vu Paris ? La dernière fois, c'était avec elle. Je suis entré dans le bar et j'ai entendu son rire. Un rire franc et heureux. Qui emplissait toute la salle. Un rire qui naissait comme une bourrasque et coulait dans sa gorge comme une cascade. J'ai cherché le rire parmi la foule qui se pressait autour des tables, qui se pressait autour du bar, qui se pressait tout autour de moi et me communiquait sa chaleur. J'ai vu la fille qui riait. Une grande brune sauvage, généreuse, entourée d'hommes au bar. C'est vers elle que je suis allé. Parce que c'est elle que je voulais. Je voulais l'entendre rire à nouveau. Qu'elle rie pour moi. Je me suis accoudé au bar à côté d'elle. En poussant les hommes sans ménagement. Je les connais les hommes. J'ai appris cela dans les tranchées. Ils ne me font pas peur. Je les ai poussés et aucun d'eux n'a bronché. Je lui ai dit quelques mots, je crois, bonsoir ou n'importe quoi pour qu'elle se retourne et me regarde. Et elle m'a souri, elle a posé sa main sur mon bras et m'a demandé de lui offrir à boire. Une grande fille maquillée. Les yeux cernés de bleu. Les lèvres rouges. Elle avait le regard alerte. Une femme superbement vulgaire. Vêtue de rien. Une fille du diable. En nippes mais rayonnante. C'était elle que je voulais. Je ne me souviens plus de quoi nous avons parlé. Je me souviens qu'elle riait. Je me souviens que lorsqu'elle a demandé d'où est-ce que je débarquais avec mon air d'ahuri, et que je lui ai répondu que j'arrivais des tranchées, elle a ri aux éclats. Et je la remercie pour cela. Un grand rire titan, trop grand pour sa bouche. Un grand rire qui lui faisait montrer ses dents et la secouait tout entière d'un tremblement des chairs. Je l'ai regardée et je lui ai dit : "Tu m'as manqué." Et elle a ri à nouveau, à gorge déployée. Mais j'ai bien vu qu'elle comprenait. C'était le genre de fille stupide en tout, incapable de rien faire d'autre que boire et danser mais qui sait reconnaître un homme qui la désire. Elle m'a demandé de la faire danser. Et je la remercie pour cela. Et qu'elle travaille dans ce bar ne changeait rien. Que boire à ce bar et allumer le désir des hommes ait été son métier ne changeait rien. Il y a ce rire qu'elle n'était pas obligée de m'offrir. Elle a dansé avec moi. Je me souviens de ses épaules qu'elle montrait. Et la sueur lui coulait le long de la nuque. Elle était noire de crasse. Sale de toute la fumée de cigarettes qui parfumait ses habits et sa peau. Elle dansait et je la collais contre moi pour ne rien perdre de sa vitalité. Le tissu de sa robe était si mince que je croyais caresser sa peau. Et je la remerciais pour sa saleté superbe. Pour ce rire brutal qui la déchirait régulièrement à chaque mot que je prononçais. Elle avait bu et rien ne la faisait cesser de tourner et de danser. Elle avait bu et son corps ne connaissait plus la fatigue. Je la serrais. Tout contre moi. Et nous n'obéissions qu'à la musique. Le sexe de la musique.

Oui, la dernière fois, je dansais avec Marguerite. Je la serrais de près. Elle se laissait faire. Je dansais à peine. L'important était de tenir une femme. Elle se prêtait à la faim de mes bras. Elle riait moins. Elle me murmurait des mots dans les oreilles. Je ne distinguais pas le sens de ce qu'elle disait. Je n'écoutais pas. Cela n'appelait aucune réponse. Elle voulait juste parler. Ses lèvres touchaient presque mes oreilles. Sa voix s'engouffrait dans mes tympans comme une eau dans le vieux lit d'un fleuve asséché. Les sons veloutés, les sons rauques et chauds faisaient vibrer mon corps entier. Et je m'enivrais de cette fraîcheur au grain humide. Et sa belle voix cassée me faisait plonger dans un monde de caresse et d'ombre. Je sentais la rivière rauque et fraîche de ses paroles pénétrer doucement dans mon oreille et nourrir mon corps trop sec de tant d'années de brûlure. Je la serrais. Et je lui murmurais à l'oreille : “Reste avec moi, Margot, reste avec moi.”

Et puis, la danse n'a plus suffi. Le corps a eu trop faim. Et il n'était pas possible de se soustraire à son appétit. J'avais peur. Peur de ne pas retrouver les gestes. Peur qu'elle ne comprenne pas que j'étais plus jeune qu'un enfant. Peur qu'elle rie. Je me souviens de toi, Margot. Tes beaux seins lourds. Tes reins creusés de femme. J'aurais presque pu pleurer sur toi, Margot. Si tu avais été propre et parfumée, je crois que j'aurais pleuré. Sans aucun doute. Mais j'ai enlevé ta robe et sur ton dos se dessinaient de longues traînées de crasse. Je ne dis pas que tu étais laide, Margot. Pardonne-moi. Ton corps était superbe et je n'en voulais pas d'autre. Mais tu étais sale. Maculée de sueur, de fumée, de crasse, de vieux fard, tu étais sale et cela me faisait rire. Et ce rire que je ne contenais pas, ce rire me réchauffait et me donnait du courage. C'est lui, peut-être, qui m'a donné la force de te faire l'amour. Si tu avais été polie et timide, si tu t'étais mordu les lèvres simplement tandis que je te pénétrais, je me serais recroquevillé sur le lit, et les draps auraient été pour moi des suaires de glace. Mais tu as souri. Ta bouche s'est ouverte toute grande. Tu parlais et m'encourageais en me tapant le dos de ta main. Tu souriais et les hurlements que tu poussais me rendaient fort, Margot. Je n'oublierai jamais ta crasse jouisseuse, ta beauté farouche et la longue chevelure où tu as permis que je lave mon âme. Dans tes bras, un temps, j'ai oublié mes fureurs. Je me suis abreuvé de ton rire, de ton corps, et tu as réussi à apaiser ma soif. Elle était pourtant immense. Une soif infinie née dans les tranchées, une soif attisée de toutes ces heures passées à compter les morts. Nous avons fait l'amour. Et je te bénis, Margot, encore aujourd'hui, pour ces heures suaves où j'ai retrouvé la douceur d'être un homme. Tu dormais du grand sommeil lourd de l'ange ivre. Et je t'ai bénie encore, en me rhabillant, pour la saleté pulpeuse de ton corps. Le souvenir de nos sueurs mêlées, le souvenir de ton rire et de la douceur inondée de ton sexe a longtemps rafraîchi mes brûlures. Je ne t'ai pas oubliée, Margot. C'est vers toi que je roule. Vers toi que j'irai directement lorsque je descendrai du train. Ton grand rire brutal, seul, peut venir à bout de ma surdité. Je t'entendrai, Margot. J'en suis sûr. Lorsque j'entrerai dans le bar, au milieu de cette foule pressée, il n'y aura qu'un bruit pour percer le silence des tranchées, ce sera ton rire. Je me collerai contre toi. Tu me parleras dans l'oreille. Comme autrefois. Collés l'un à l'autre. Et je me laisserai inonder par ta voix. Je ne serai plus sourd. Il n'y a que toi que je puisse entendre. Ne crois pas que je t'aie oubliée. Ne crois pas que j'aie oublié les grands rires débonnaires que tu sais offrir. Ton visage est béni. Ton rire. Ta crasse aussi. Tu es la face joufflue de la vie.

III

LE CRI DE L'HOMME-COCHON

JULES
Je suis la route du train des armées. Je fais le même voyage que la dernière fois. Des tranchées à Margot. Secoué aux mêmes endroits. Dans les mêmes virages. Sautant sur les mêmes pierres, passant sous les mêmes tunnels. Il n'y a pas d'autre chemin possible. C'est ainsi. Comme la dernière fois. Exactement pareil. Mais entretemps j'ai vieilli de milliers d'années. Plus voûté. Plus maigre. Plus peureux. Je n'entends plus rien. La dernière fois, mon corps n'était pas encore entamé. Aujourd'hui, je me sens vide. Le même chemin. Mais avec un corps abîmé. La prochaine fois, ce sera pire encore. Allongé sur un brancard ou estropié.

Je roule vers Paris. Et lorsque je t'aurai retrouvée, Margot, il faudra à nouveau partir. A nouveau accepter la règle du train. Se soumettre, à nouveau, aux rails. Le même chemin. Dans l'autre sens. Retournant à ma tranchée. Revenant pour crever. Il n'y a pas d'échappée possible et Paris n'existe pas. Il n'y a qu'une boucle folle à laquelle on ne peut se soustraire. Ce train n'existe pas. Aucune voie de chemin de fer ne relie le front à Paris. Plus aucune droite n'existe. Elles sont toutes courbes. On finit toujours par revenir aux tranchées. Ce train n'est que le manège infernal de nos cauchemars. Personne ne peut se soustraire à la pluie d'obus. Et je ne tarderai pas à me retrouver à cette gare que je viens de quitter. Il me faudra alors reprendre mon paquetage et descendre. Aucune gare, ni aucune ville, n'est au bout de ces rails et je tourne comme un dément sur un circuit d'enfant. Revenant sans cesse au même point. Et je souffre car il y a, entre-temps, l'espoir de quitter la guerre et de vivre. Je souffre et cela m'affaiblit. Je pense à toi, Margot. Je t'espère. Et je reviens finalement au point de départ, encore plus sale et fatigué qu'à mon départ. Ces rails ne sont pas droits mais courbes et sournois. Il faut arrêter. Faire stopper le train. Descendre. Emprunter d'autres chemins.

Il faut ouvrir grande la fenêtre et sauter. Se soustraire au cercle vicieux du train. Ne plus appartenir à la haine du rail. Et marcher – s'il le faut – jusqu'à Paris. Marcher. Peu importe le temps que cela prendra si je suis certain que chaque pas fait me rapproche un peu, même minusculement, même dérisoirement, du but. Ce train, plus sûrement que la tranchée, est mon cercueil. Je suis enfermé dans un immense wagon sarcophage qui crache de la suie et de la fumée. Il faut ouvrir grande la porte et sauter. Si je reste ici, il n'y aura pas de Paris. Il n'y aura que quelques heures de répit. Le temps d'entendre un rire et de se soûler. J'ai besoin de plus. Besoin de temps pour me reposer de cette immense fatigue qui me voûte. Besoin de temps pour retrouver Margot. Le train est un mensonge. Il nous emmène et nous ramène. Il faut sauter. Ne compter, ensuite, que sur ses propres forces. Oui. Que sur ses propres forces. Alors ouvre la porte et saute. Ouvrir la porte. Oui. Et sauter.

J'ouvre la porte. La nuit s'engouffre dans le wagon. L'air me frappe en plein visage. Je prends mon souffle et saute. Un instant suspendu. Puis, fracas de fougères et de graviers.

MARIUS

Il a commencé à pleuvoir. Le ciel est bas. Une brume épaisse court à ras de terre. On ne voit pas à cent mètres. C'est bon pour nous. Nous avançons sans parler. Boris est à mes côtés. Nous avançons en longeant nos lignes à trois cents mètres environ. Il faut faire attention à ne pas faire de bruit. Sans quoi les nôtres ouvriront le feu. Tout mouvement est suspect. Alors il ne faut pas faire de bruit. La pluie couvre nos pas et la brume nos silhouettes. Nous avançons comme des chasseurs. Le fou finira bien par se trahir. Nous arpentons son domaine. A la recherche d'une trace. A l'écoute de tous les frémissements. Nous arpentons son domaine à l'insu de tous ces yeux sentinelles que la brume rend aveugles. Il y a un petit bois au nord. Comme une touffe d'herbe au milieu du désert. Un petit bois entre les lignes françaises et allemandes. C'est là que nous irons. C'est là, sûrement, qu'il se cache. C'est là qu'il a dû aménager son antre. Où d'autre ? Où pourrait-il se cacher sur cette terre violentée par le fer ?

Nous marchons vers la forêt. Nous marchons et nous n'appartenons plus à aucune armée. Je ne sais pas ce que nous ferons une fois que nous serons face à lui. Si nous tenterons de le ramener. Si l'avoir vu suffira ou si nous nous battrons. Nous marchons. Le bois ne devrait plus être très loin maintenant. Je me hais peut-être plus qu'un homme ne le devrait. Car aucun autre des camarades de la tranchée n'a eu le désir d'ajouter à cette guerre un nouveau combat. Aucun autre ne s'est levé, comme moi, pour chercher une autre mort. Et si je peux cerner ce qui me pousse, moi, à me soustraire à la tranchée pour aller à la rencontre de ce monstre des brumes, je me demande pourquoi Boris est à mes côtés.

BORIS
Soudain, de grandes masses sombres se sont dessinées. Confusément d'abord. Quelques grandes silhouettes verticales. C'était comme de tomber sur les fossiles d'un squelette d'autrefois. Des troncs décharnés, plantés là par quelques hommes primitifs pour célébrer le nom d'un dieu dévoreur. Et puis les arbres se sont découpés plus nettement. Cela faisait longtemps que je n'avais pas vu d'arbres. Nous nous glissons dans le bois. Comme deux bêtes sauvages soulagées de trouver enfin un peu de répit. Un peu d'herbe et de branches qui dégagent une odeur oubliée. Et si je dois mourir, je préfère que ce soit ici, dans ce fouillis de branches et de racines, ici sur l'humus épais plutôt que dans nos tunnels de rats.

MARIUS
Le bois est clairsemé et fragile. Mais le bois est un abri sûr. Et nous nous sommes reposés. Pour la première fois depuis longtemps. J'ai posé mon sac, mon fusil. Nous avons mis à terre nos lourdes carapaces de soldats : gourdes, sac de survie, baïonnette, sangles et lanières, casques et masques à gaz. Nous avons posé tout cela et

comme le bois nous protégeait, nous avons parlé. Et cela faisait longtemps aussi que nous n'avions pas osé parler sans baisser la voix par crainte d'être entendus.

BORIS
Ma guerre a commencé depuis longtemps, Marius. Je ne suis même pas sûr de pouvoir en retracer le long fil dangereux. La guerre pour moi est une longue succession de visages. Je sillonne le monde. Entouré de camarades. Nous nous battons les uns pour les autres. Aujourd'hui c'est pour toi que je me bats. C'est pour cela que je te suis. Et que la guerre se fasse ici, dans ce bois de fantômes, ou là-bas, dans nos tranchées, cela m'importe peu. Je veille sur toi. Nous nous battons ensemble. L'essentiel est de ne pas crever sans personne pour te fermer les yeux.

LE GAZÉ
J'ai vu un homme. Ou peut-être n'était-ce pas un homme. J'ai ouvert les yeux soudainement. Comme un sursaut. J'avais dû de nouveau m'endormir, ou peut-être m'étais-je évanoui. J'ai ouvert les yeux et je l'ai vu. Penché sur moi. A quelques centimètres. J'étais faible. Ma vue était trouble et j'ai eu du mal à me concentrer. J'ai vu un homme. Le visage d'un homme. J'ai senti qu'il me touchait. J'ai senti des mains sur moi. Des mains qui fouillaient partout sur mon corps. Je ne pouvais pas regarder car je n'avais pas la force de soulever la tête mais il y avait toutes les raisons de penser que les mains qui me fouillaient et le visage que je voyais, à quelques

centimètres du mien, appartenaient au même homme. Je l'ai laissé me fouiller. Je n'avais pas la force de bouger, pas la force de crier. J'ai fait abstraction des mains et je me suis concentré sur le visage. Il avait une grande barbe. Et de longs cheveux en broussaille. Je me souviens. Cela ne m'a pas surpris d'abord mais je me suis demandé plus tard comment cela était possible. Des cheveux si longs. Si ébouriffés. Sans casque. Je me souviens de son regard. Ses yeux roulaient comme les roues d'un train lancé à pleine vitesse. Le regard d'un dément. Il souriait. Je voyais ses dents. Noires de terre. Je le voyais à quelques centimètres de mon visage avec sa face de naufragé. J'étais trop faible pour parler. J'ai essayé. Mes lèvres, peut-être, ont frémi car il s'est arrêté de me fouiller. Il a eu un geste. Lentement, toujours en souriant, il a posé sa main sur mes yeux. Comme une invitation à dormir. J'ai obéi à la douce pression des doigts. J'ai fermé les paupières. Un temps encore j'ai senti sur moi la quête frénétique des mains. Et puis plus rien. J'ai ouvert alors les yeux et je l'ai vu s'en aller. Je l'ai vu de dos, il était nu. Je crois. Je me souviens de la pâleur de sa peau. Je l'ai vu bondir comme un animal. Et il a hurlé. Un long cri de joie. Comme s'il avait trouvé sur moi quelque trésor. Il riait, Robinson. Et j'aurais bien ri avec lui si j'en avais eu la force. Il a disparu et je ne sais pas ce qu'il a emmené. Je ne sais pas de quoi il m'a dépouillé. Je ne sais pas si je suis plus pauvre maintenant, si les mains fouilleuses m'ont pris tout ce que j'avais. Je suis trop faible. Mais lorsque mes forces reviendront, je regarderai. Je ferai l'inventaire. Pour l'instant je veux juste fermer les yeux et rire avec Robinson.

MARIUS
Nous avons fouillé le bois mais n'avons rien trouvé. Aucune trace de tanière. Ni feu ni bouts d'os rongés. Rien. Alors nous sommes repartis vers cette immense bande de terre entre les positions françaises et les positions allemandes, dans ce terrain pelé qui n'est à personne, où personne ne s'arrête que les morts.

Il y a là, un peu au nord, une petite colline. C'est là que je veux aller. C'est de là, embusqué comme un chasseur, que je traquerai le fou. Nous traversons le bois, nous le traversons tout entier pour être le moins longtemps possible à découvert. Il ne restera plus, une fois à l'orée, qu'à gravir cent mètres, à plat ventre. Le bruit de nos pas dans le bois ne fait tressaillir aucun animal, envoler aucun oiseau. Les branches cassent sous mes semelles. Je me demande si la relève est arrivée, là-bas, dans la tranchée de l'Oural. Je me demande si le sergent du poste A a fait son rapport sur notre disparition. Nous sommes à l'orée maintenant. Boris passe devant. Il s'écrase de tout son long dans la terre et rampe à la force des bras. Je le suis. Nous sommes deux serpents dans la nuit.

BORIS
Du haut de la colline, au-delà du bois, nous avons tout vu. Le grand pays rasé du champ de bataille. Ce n'est qu'une succession terreuse de trous et d'amas. Un pays barbelé. Les tranchées sont fines et bien dissimulées, mais pour qui sait y regarder, il n'est pas difficile de déchiffrer la carte et de suivre des yeux les profondes entailles guerrières comme on suit du bout des doigts une cicatrice sur la peau.

MARIUS
Je l'ai vu. Une ombre à peine. Ou plutôt une tache pâle dans la nuit. J'ai fait signe à Boris. Il était là. A cinq cents mètres environ. A peine discernable. Au pied de notre colline. Il nous tournait le dos. Il devait être assis par terre. Car nous ne voyions qu'un dos. Un dos nu. Une grande tache de chair claire dans la nuit humide. Il était nu et ses cheveux tombaient jusque sur ses épaules. Des cheveux noirs et broussailleux. Des cheveux hirsutes de vieux satyre. Il était là, enfin, à quelques mètres à peine. A portée de voix, à portée de course. J'ai fait signe à Boris de me suivre et, silencieusement, nous avons commencé à ramper pour nous approcher de la bête. Pour nous approcher et pouvoir être enfin face à ce fou qui, depuis des jours et des jours, hurlait le long des lignes. Nous avançons maintenant comme deux fauves qui ne veulent pas faire frémir les sauterelles. Nous avançons. Plus que cent mètres. Je distingue mieux son dos. Il est maigre, presque squelettique. Les os des omoplates jaillissent de sous la peau comme des récifs sous la mer, anguleux, coupants presque. Il est maigre et sale. Son corps est souillé de terre et, sur sa peau, la sueur a dessiné de longues rigoles en souvenir d'efforts passés. Nous nous approchons. Plus qu'une cinquantaine de mètres. Que fait-il ? Il a baissé la tête sur son ventre, maintenant. Je crois qu'il mange. Il doit être en train de déchiqueter quelques racines ou quelque nourriture volée sur des cadavres. Nous entendons clairement maintenant des bruits confus de mastication. Grognements et déchiquetages. Coups de dents et reniflements goinfres. Nous avançons. Quarante mètres. C'est là qu'il nous a entendus. Entendus ou sentis, je ne

sais pas. Nous n'avons fait aucun bruit. Ni branche cassée, ni murmure. Rien qui lui aurait permis de déceler notre présence. Mais le vent soufflait dans notre dos. Et je ne crois pas absurde d'affirmer qu'il nous a décelés à notre odeur. Comme un animal. A notre odeur d'homme. Il s'est retourné d'un coup. Accroupi sur ses pieds. Nous restons figés. Face à face avec la bête. Personne ne bouge. Il est là, à quarante mètres environ, prêt à bondir. Cela se sent. Je peux voir les muscles de ses cuisses tendus à l'extrême. Mais je ne peux dire si, lorsqu'il bondira, ce sera pour fuir ou pour nous sauter au visage. Je le regarde. Je ne bouge pas. Il est intégralement nu. Il porte simplement une baïonnette accrochée à une ceinture et un masque à gaz. Rien d'autre. Le masque à gaz dissimule ses traits mais pas ses yeux. Et son regard brûle mes rétines. Son regard dément qui ne nous quitte plus. Je regarde le fou avec son masque à gaz, sa baïonnette et sa ceinture et je voudrais comprendre ce que ce regard signifie. S'il nous invite à nous approcher un peu plus ou s'il nous provoque avant l'assaut. Mais ce regard-là ne se déchiffre pas et je reste immobile. Boris a esquissé un mouvement. Un geste de la main à peine. Mais cela a suffi pour rompre l'immobilité de notre face-à-face. Subitement il se dresse de tout son corps nu. Il écarte les bras au ciel. Tout se passe très vite. D'obscurs grognements sortent de son masque à gaz. Des grognements nasillards et rocailleux. Puis il frappe sa poitrine à plusieurs reprises de son poing gauche. Il pète. Et aussitôt nous tourne le dos et court comme un dératé. Il fuit à toutes jambes, moitié courant, moitié bondissant. Et avant que nous nous mettions, nous aussi, à courir, avant que commence notre longue course poursuite, avant que le battement de nos cœurs nous rende sourds, nous avons entendu un grand rire grotesque, un rire de boue et de crasse qui semblait étrangement nous inviter à la poursuite.

BORIS
Nous courons à toutes jambes maintenant. Côte à côte, Marius et moi. A la poursuite de l'homme nu. Nous courons dans les bosses et les crevasses de la terre. Enjambant les restes de barbelés déchiquetés. Evitant les queues-de-cochon dressées vers le ciel pour empaler les hommes. Nous courons de toute la puissance de nos muscles sans savoir où le fou nous emmène. Cela n'a aucune importance. Je n'ai jamais vu un homme pareil. Jamais entendu un rire pareil. Il est plus rapide que nous. Empêché par moins de sacs. Plus léger et plus vif. Il court plus vite et il nous faut toute notre force pour ne pas nous laisser distancer. Je sens Marius qui souffle à mes côtés. Nous sommes deux hommes à la poursuite d'un lièvre et ce lièvre-là continue de rire dans sa course.

MARIUS
Il a sauté dans une tranchée abandonnée. Un vieux boyau mille fois pris, mille fois perdu, un vieux boyau au cœur du front, éventré par des centaines d'obus. On ne peut plus courir tous les deux de front. Boris est devant. Je ne vois plus le fou. Je suis Boris. Il ne faut pas se laisser distancer. Nous courons dans ce corridor de terre, et nos chevilles manquent à chaque instant de se tordre. Nous martelons le sol de nos

enjambées puissantes. Et c'est comme si la guerre défilait sous nos pieds. Ecrasée par nos semelles. Fusils cassés, cadavres, planches de bois, fils barbelés, nous foulons les excréments de la guerre. Je suis Boris et je ne vois plus que son dos. Je ne vois plus rien et je ne sais pas si nous nous rapprochons ou si nous perdons du terrain. Je sens l'air qui me brûle la gorge. Je respire du feu. Mes bronches vont éclater. Il faut tenir. Je perds du terrain. Boris est loin devant. Le corridor est plus étroit ici. Je me heurte sans cesse aux parois. Je manque perdre l'équilibre. Mes jambes sont lourdes. Il faut tenir. Le boyau est interminable. Je n'en peux plus. Je ralentis, puis cesse totalement de courir. Je m'effondre dans la boue. Il n'y a pas assez d'air pour mes poumons. Le ciel ne contient pas assez d'air. Je suffoque et crache. Il ne faut pas céder. Il faut repartir. Même en marchant. Mais surtout se lever et ne pas rester ainsi, coupé en deux par l'asphyxie. Je me relève. Il faut venir à bout de ce boyau. Reprendre la course. Rejoindre Boris. Ne pas le laisser seul. Je n'entends plus rien. Aucun son. Aucun bruit de course. Je n'entends plus rien mais je ne saurais dire si c'est parce que le silence est total, parce que la nuit a endormi tous les bruits, ou si c'est parce que les battements de mes veines me rendent sourd au monde.

BORIS
Je m'étais fait à l'idée que je n'aurais pas le temps. Depuis que je suis monté au front, je m'étais dit que c'était la règle ici. C'est pour cela que je souris. Parce que le temps, contre toute attente, m'est offert. J'ouvre grands les yeux. Le ciel est une tache d'encre de Chine. Je sens mon

corps lourd s'enfoncer doucement dans la terre. Je n'aurai jamais la force de lever les bras. Pourtant j'aimerais jouer du bout des doigts avec une de ces étoiles. Mais la terre s'ouvre sous moi. La terre se dérobe et m'aspire. Cela n'a aucune importance. Ce qui compte, c'est que j'ai le temps. Alors j'ouvre grands les yeux pour que le ciel entier y tienne et je dis les noms sacrés des miens, les noms sacrés, dans ma langue, de ceux que j'aime et que je quitte. Je n'ai pas envie de pleurer, pas envie de m'agiter. J'aurai eu le temps et je remercie la terre de ne pas m'avoir avalé trop vite.

MARIUS

Je me relève et je cours à nouveau. Les tambourinements dans mes veines ont repris. La course et sa sueur. La course et la peur de ce que je trouverai au bout.

Trop tard, Marius. Tu es arrivé trop tard. Son corps est là qui t'attend et que tu reconnais. Son corps est là au chevet duquel tu t'agenouilles mais qui ne bouge plus. Tes pleurs, tes paroles n'y feront rien. Et rien ne sert non plus de frapper de tes mains le poitrail de l'homme étendu dans la terre. Rien ne sert de le secouer ainsi, il est au-delà de tes paroles et de tes cris. Tu n'as pas couru, Marius. Tu n'as pas tenu. L'air t'a brûlé les poumons, tu t'es arrêté tandis que lui courait toujours. Tu regardes ce visage maintenant. Tu t'en veux mais cela ne changera rien. Tu t'en veux mais tu n'as pas couru et tu ne peux pas empêcher le sang encore chaud de s'échapper doucement de sa gorge. C'est une grande entaille profonde. Un coup de couteau au niveau de la pomme d'Adam. Le sang coule et il n'y a rien que tu puisses faire. Rien. Ni pleurer ni te lever. Il a dû se demander ce que tu faisais. Au moment de la lutte, il a dû te maudire de ne pas arriver comme la course l'exigeait.

Je suis resté longtemps sur le cadavre de Boris. Je suis resté longtemps penché sur lui et mes mains ne pouvaient cesser de courir sur son corps pour remettre une mèche de cheveux, ou juste sentir la chaleur disparaître lentement. Je suis resté longtemps les yeux au sol, murmurant ma faute, maudissant la faiblesse de mes jambes, la fatigue de ma volonté. Et lorsque enfin j'ai relevé les yeux, j'ai vu qu'il était là. Debout à quelques mètres. Et il n'avait pas cessé de me regarder, la tête curieuse, un peu penchée de côté. Sans rien dire. Immobile. Attentif. Comme un grand barbare qui observe, chez ses ennemis, des gestes qu'il ne comprend pas mais qui l'intriguent. Il avait toujours son masque à gaz. Et la baïonnette qu'il tenait à la main était rouge de sang. J'ai pris mon arme mais je n'ai pas même réussi à lever le bras et à le tenir en joue. Je ne l'ai plus regardé. Mes yeux sont retournés à Boris. Et j'ai voulu pleurer. Mes lèvres tremblaient mais aucun son, aucun liquide ne sortait de mon corps. C'est alors que le fou a hurlé. Il a crié au ciel. Comme un animal blessé. Comme une femme qui accouche. Il a hurlé comme si j'avais tiré et que ma balle lui avait transpercé le ventre. Et ces grands cris fauves étaient ceux que j'aurais aimé pousser. Le grand fou nu, le tueur à la baïonnette, me prêtait sa voix pour pleurer mon mort. Et que ce mort soit sa victime ne changeait rien. Il fallait bien que Boris soit pleuré. J'ai pris mon ami dans mes bras. Je l'ai serré une dernière fois, sans me soucier de cet être à qui je tournais le dos, sans me soucier de l'assassin qui continuait à pousser au ciel ses grandes lamentations brutales. Puis j'ai posé le corps. Je me suis tourné vers lui et il a repris sa course de lièvre. Je vais tuer l'homme-cochon et faire de ce champ de bataille un orphelin. Je vais tuer l'homme-cochon, et la guerre sera finie.

LE MÉDECIN

J'étais monté à la tranchée du Bouclier. Un soldat se plaignait de douleurs insupportables aux jambes. Je l'ai examiné. C'est là que j'ai entendu à nouveau les cris du fou. De grands cris de seigneur blessé. Je ne sais s'il est le père ou l'enfant des fils barbelés qui courent le long de la terre. Il est possible que cette terre éventrée et meurtrie ait donné naissance, dans une nuit de sueur et de contractions, à cet être. Qu'elle l'ait fait naître pour se venger des hommes qui la balafrent sans cesse un peu plus. Mais je crois plutôt qu'il est l'ogre sauvage, le père de ce paysage de mort. Et il profite sûrement de la nuit pour chier de longues traînées de barbelés et rire ensuite en contemplant le visage tranchant et rouillé de ses enfants.

J'ai pensé à Marius et à Boris qui étaient partis à sa poursuite. Et je n'ai pu repartir que lorsque les cris ont cessé. Je crois que c'est la terre qui hurle par cet homme. Je crois qu'il est la bouche hurlante du front qui gémit de toutes les plaies profondes que l'homme lui fait. Et si c'est vrai, la terre n'a pas fini de gueuler car nous avons encore bien des obus pour lui taillader les flancs. Je crois que lorsque le fou cessera de gueuler, c'est que la terre sera morte. Et l'homme pourra s'en remettre à Dieu car commencera alors un enfer auquel rien ne nous a préparés.

JULES
Enfoncé dans la terre… Comme une pierre… Je reprends mes esprits. Je suis lourd… Le train est loin. Je n'entends plus rien… Je me réveille d'un long silence. Assommé. Le poids de la tête. Pas la force de la soulever… Je sens le visage… Plein de boue… Partout. Comme si j'étais en terre… Il me semble entendre par moments des éclats de voix. Lointaines. Comme une rumeur confuse… Je divague. Je suis fatigué. La terre tout autour de moi… Je ne peux plus bouger. Le saut… La fatigue… Rester là. Dans la boue. Le visage collé contre terre. Je n'ai plus de force. Je me laisse aller… Dormir… Vaciller… Les rumeurs à nouveau. Je voudrais me concentrer. Tendre l'oreille. Mais je n'ai pas cette force. Je ne peux pas bouger. Je n'ouvre pas même les yeux. Je dors… Plongé en boue tout entier. Je fais corps avec la terre. Je la sens là, sous moi. Crisser et frémir. La terre… Je perds connaissance…

Mes yeux s'ouvrent à nouveau. Je reviens à moi… Le train est loin. Je suis resté longtemps ainsi, sur le bas-côté des rails. Comme un corps jeté par-dessus bord… Echoué. Encastré. Je suis resté longtemps. Face contre terre. Embourbé. Je me retrouve doucement… Lentement… Sans geste brusque. Je n'ai rien de cassé. Non. Rien. Rien qui saigne nulle part. J'ai dû dormir aussi. Car la boue sur mon uniforme a eu le temps de sécher. Je dois marcher. Reprendre la direction de Paris…

Je dois me lever… Le train va continuer à rouler sur lui-même, comme sur un circuit dément.

Du front à Paris, de Paris au front. Et les arrêts qu'il fera ne seront que de courtes pauses pour qu'il puisse reprendre son souffle de charbon. Les passagers sont des prisonniers. Je me suis évadé. Ce sera plus long, bien sûr. Des journées entières de marche, peut-être. Mais cela n'a pas d'importance. Il me faut du temps... Laisser, derrière moi, l'odeur des tranchées accrochée aux bosquets comme des lambeaux de laine. Laisser mes cauchemars, le bruit des roues mêlé à celui des obus... Respirer l'air nouveau. Au travers de la boue séchée... Je me lève. La rumeur à nouveau. Comme si l'on parlait dans mon dos. Je me retourne. Il n'y a rien, derrière moi, que l'immensité de la nuit qui m'entoure... Les rumeurs... Comme si j'entendais crier des hommes... Il faut que je reprenne mes esprits... Je marche. La nuit est à moi. Le vacarme du train est loin. Je marche. Traversant les champs. Coupant à travers les bosquets. La terre, ici, a perdu son visage vérolé.

IV

DERNIERS SOUFFLES

JULES
J'ai beau courir et me cacher, je ne parviens pas à les laisser derrière moi… Je les entends encore. Que me veulent-elles ?… Elles sont là. Elles sifflent dans mon dos… Depuis que j'ai sauté du train, elles ne me laissent aucun répit… Je les entends. Je crois. Je deviens fou… Je suis loin pourtant. Il n'y a plus, ici, ni trou d'obus ni fils barbelés. Mais le tumulte des voix est là. Comme si elles collaient leurs lèvres à mes oreilles. Que disent-elles ?… Courses… Chutes de corps… J'entends les appels. Les pleurs. Je ne peux rien faire. Je les sens presque. Là. Sur mon corps. Comme si… Comme si elles me glissaient dessus. La boue… Il faut marcher. Marcher encore… C'est comme le sifflement dans l'oreille après les bombardements. Cela passera. Cela aussi, je le laisserai derrière moi… Il faut marcher… Je m'éloigne. D'un bon pas. La nuit est à moi. Je veux tout quitter. Tout. Derrière moi… Mais elles persistent. Je les entends. Plus fort encore qu'auparavant. Comme si elles croissaient sans cesse. Courir ne sert à rien. J'ai de la boue partout sur moi. Je comprends ce qu'elles me disent. Je viens de là. Je connais tout cela. Qu'on me laisse…

Je marche, ne ménageant pas ma peine, enjambant les ruisseaux, escaladant les murets, me frayant un passage à travers les hauts bosquets d'herbes folles et d'orties. Le jour se lève. Je marche pour ne plus les entendre. Mais elles sont là. Toujours sur mes pas. Elles me rattrapent chaque fois que je relâche mon effort. Elles m'interdisent de reprendre mon souffle ou de réfléchir à la direction qu'il me faut prendre. Je continue. Je saute de nouveaux ruisseaux. J'escalade de nouvelles collines. Je m'éloigne encore. Jusqu'à perdre haleine et trébucher dans la poussière d'un sentier… Je ne leur échapperai pas. Il n'y a rien à tenter. Je comprends maintenant, assis au bord d'un chemin, je comprends qu'il ne sert à rien de courir car elles sont en moi.

Je les écoute… Sur le front gisent des milliers de soldats épuisés. Ils vont mourir et pleurent tout seuls. Ils glissent à la terre leurs derniers mots… Je les entends. Il ne faut pas avoir peur. Ce sont les voix fatiguées de mes frères. Ceux que j'ai laissés derrière moi. Les voix embourbées de ceux qui n'ont pas pu se relever. Ils s'adressent à moi. Ils veulent parler par ma bouche. Ils veulent que je leur prête voix. C'est cela… Je ne me soustrairai pas… Je vais aller sur les chemins et faire entendre le chant qui me hante. Je comprends… Oui. Je comprends… Je ne dois plus courir. Non. Je dois les emmener où je vais.

RIPOLL
Un homme est venu jusqu'à nous. C'était un coureur, chargé de transmettre des missives d'un point à un autre du front. Il nous a délivré son message. "Ordre de repli, retour sur la tranchée de la Tempête." J'aurais pu hurler de colère

parce que ça signifiait que nous avions fait tout cela pour rien. Que le lieutenant était mort pour rien. Mais au contraire, j'ai ressenti un immense soulagement. Nous allions quitter cet avant-poste incertain, ce terrible petit promontoire, à cinq cents mètres à peine des types d'en face. J'ai offert un peu d'eau au coureur et il a ajouté que les choses étaient sérieuses. Qu'on alignait le front sur des kilomètres et des kilomètres.

Tout le monde sait ce que cela veut dire. Ils préparent une attaque en face. Nous allons quitter notre poste avancé et c'est comme de quitter un phare isolé à l'approche de la tempête. Comme de retourner au port d'où l'on affrontera avec plus d'appui la hauteur des vagues.

MESSARD
Je garde un œil sur Barboni. Je ne veux pas lui tourner le dos. Je ne veux pas sentir son rire et la nervosité de son fusil trop près de moi. Mais il a l'air plus calme. Il ne dit plus rien. Il a le visage fermé d'un excommunié. Depuis ces trois coups de feu, personne ne lui dit plus rien. Est-ce qu'il se rend compte de ce silence qui l'entoure ou est-ce que son esprit est hanté par une multitude de voix qui le rendent sourd ? Je ne sais pas. Mais je garde un œil sur lui.

CASTELLAC
J'ai demandé au coureur ce qu'il savait sur la longueur du front. Dans les noms de villages et de positions qui se préparaient à l'attaque et qu'il a cités, j'ai reconnu celui où sont mes frères. J'ai su alors que la grande attaque qui se préparait, nous la partagerions. Et cela, je crois,

m'a donné des forces. Parce que, pour la première fois depuis le début de la guerre, je combattrais aux côtés de mes frères. Arc-boutés ensemble contre le même vent. Fauchés, peut-être, par la même lame de fond.

DERMONCOURT
Nous n'avions pas de temps à perdre. Nous nous sommes hissés hors de la tranchée et nous avons rampé, comme des lézards. La progression était lente et difficile car il fallait aider les blessés. Et cela paraissait interminable. Il fallait gagner chaque mètre à la force des coudes. Chaque touffe d'herbe, on la sentait nous glisser sous le ventre.

RIPOLL
Nous avons retrouvé, enfin, notre tranchée. Celle que nous avions quittée avec le lieutenant Rénier. Et nous nous sommes sentis à l'abri. Infiniment loin du front. Infiniment protégés. C'était comme d'être à l'arrière. Alors que nous étions en première ligne. Et que la grande attaque était imminente.

MESSARD
Personne ne nous a donné d'instructions mais nous savions ce que nous avions à faire. Il fallait creuser. Plus que jamais. Fortifier les positions. Aménager, si possible, les tranchées. Se préparer à un siège. A peine arrivés, chacun d'entre nous, instinctivement, s'est mis à creuser. Même Barboni. Pour être prêts, il aurait fallu qu'on nous amène des fils barbelés. Qu'on puisse en faire un mur entier. Mais personne

n'est venu, alors nous avons juste creusé plus profond.

CASTELLAC

Nous avions appris à décliner la peur sous toutes ses formes. Mais celle-ci nous était encore inconnue et je n'ai pas su m'en défendre. C'était la peur de l'attente. J'ai essayé de me concentrer sur ces trous que j'avais à faire. J'ai essayé de ne plus penser qu'à cette pelle, et aux paquets de terre que je jetais au-dessus de mon épaule. Mais cela n'a pas suffi. Tout mon corps s'est mis à trembler et je me suis mis à pleurer. J'aurais aimé me battre les flancs, me lacérer le visage pour ne pas pleurer. Non pas que j'avais honte. Il y avait bien longtemps que la honte ne nous rongeait plus. Mais je sais qu'un homme qui craque et se met à pleurer risque de faire vaciller les autres. Et nous n'avions pas besoin de cela. J'ai pleuré en me mordant les lèvres. Mon corps ne cessait pas de trembler. J'aurais aimé que Messard s'approche de moi et me gifle, car alors je me serais arrêté. Mais il ne l'a pas fait. Et je ne crois pas que ce soit par amitié ou respect car il devait savoir que ces gémissements peureux me ruinaient plus sûrement que des gifles. Je crois que s'il ne s'est pas approché de moi, c'est tout simplement parce qu'il ne m'a pas entendu. Chacun de nous était sourd aux autres. Chacun de nous serrait fort le manche de sa pelle, pour ne laisser aucune prise à sa peur. Chacun de nous était en proie à cette terreur nouvelle.

MESSARD

On aurait pu aménager notre tranchée et la rendre invincible, mais ils ne nous en ont pas laissé le temps. Ils ont décidé de l'heure de l'apocalypse. Ils ont fumé une dernière cigarette et puis, après avoir regardé leur montre, ils ont chargé leurs mortiers, et la grande pluie de 77 a pu commencer.

RIPOLL
Je n'ai jamais vu une telle puissance de feu. Toutes les cinq secondes un obus frappe, et toutes les cinq secondes je sursaute et manque me noyer dans ma terreur. Ils ont commencé au 77 mais ce n'était que pour ouvrir le bal. Les détonations, bientôt, se sont faites plus puissantes. Et je me suis dit que j'aurais aimé mourir sans avoir peur. Mourir sans être tenu par les intestins. Il me semblait que mourir ainsi, terré dans mon trou de rat, mourir en sursautant, était un vol.

CASTELLAC
Je me couvre la tête de mes bras. Je recroqueville mon corps, les genoux serrés contre le ventre mais cela ne sert à rien. Mes bras et mes mains ne me protégeront de rien. Mon casque même n'évitera pas la dislocation du crâne. Réflexe stupide de la chair. Réflexe de l'homme qui rentre la tête dans les épaules pour se protéger de la foudre.

DERMONCOURT
Spectacle immense de la fureur des hommes. Débit d'usine. Chacun de nous sait que ce n'est que le début. Chacun de nous sait que le pire est encore à venir. Les obus finiront par se taire. Commencera alors la grande charge des hommes,

baïonnette au poing. Et ils nous submergeront. Nous sommes déjà si enfoncés dans la terre, si ensevelis par les gravats et les éclats de métal, qu'ils ne nous verront peut-être même pas. Ils n'auront qu'à nous marcher dessus. Ce sera la mort. Et nous apprenons à chérir ce déluge de métal. Nous apprenons à souhaiter qu'il ne cesse pas. Car même ensevelis, même suffocants et terrorisés, nous vivons encore pour un temps.

RIPOLL
Je ne peux pas dire combien de temps cela dura. Plusieurs heures peut-être. Je n'ai vécu que de cinq secondes en cinq secondes. L'explosion, le soulagement, l'attente et l'explosion à nouveau. Chacune de ces cinq secondes m'a fait vieillir plus sûrement qu'une vie.

LE MÉDECIN
Tout sera soufflé. Je regarde mon infirmerie éventrée par des obus aveugles, je regarde les lits renversés, pulvérisés. Les obus fracassent tout, des tranchées du nord jusqu'au fort. Nous sommes tous sous le déluge têtu. Et tout sera soufflé.

DERMONCOURT
Ne viendront-ils jamais à bout de leurs munitions ? Combien d'obus déjà, sur nos têtes ? Et nos batteries qui ne ripostent pas. Elles devraient pourtant cracher, à leur tour. Ne serait-ce que pour faire entendre leur voix. Car mourir ainsi est horrible. Cela ne doit pas durer ou nous deviendrons tous fous.

CASTELLAC
Barboni n'était pas loin de moi et Barboni s'est mis à bouger. Je l'ai regardé plus minutieusement. Il était secoué de tics nerveux. Comme rongé par des mites qui lui couraient le long de la colonne vertébrale. Les yeux levés au ciel, grimaçant comme un damné, il murmurait quelque chose. Je voyais sa bouche articuler quelques paroles mais le vacarme du pilonnage m'empêchait de rien entendre. Il n'est pas impossible qu'il adressait une prière à Dieu. Qu'il lui recommandait son âme, ou qu'il l'insultait. Je ne sais pas. Mais j'ai presque envié, à cet instant, la folie de Barboni car j'aurais aimé plonger moi aussi dans ce gouffre d'inconscience et contempler le monde, comme lui, de sa colline calcinée d'excommunié.

MESSARD
Barboni continue à rire. Chaque explosion déclenche en lui un rire nerveux. Comme si chaque obus qui heurtait la terre parcourait son corps d'une décharge électrique. Et cette pluie continue de feu illumine son visage de rictus déments. Il est tout entier dans la jubilation du spectacle. La terre s'ouvre. Le métal entaille son sein de grandes balafres fumantes. Et Barboni laisse la joie monter en lui. Jusqu'à le submerger tout entier. Nous sommes tous terrés dans la boue et lui, il applaudit chaque nouvelle bourrasque. Je me demande où est Barboni. Je me demande où est-ce que son crime et sa malédiction l'ont propulsé. Il ne voit plus personne. Ne parle plus à aucun de nous. Il est accroché à son fusil, le nez en l'air, et à chaque nouvelle explosion, il piaffe de jouissance. Je me demande si Barboni

est brûlé à jamais. Peut-être ferions-nous mieux de l'abattre. Qui de nous sait s'il ne nous tirera pas dessus tout à l'heure. Qui de nous peut dire à quel camp appartient maintenant Barboni. Il n'est plus d'aucun camp. Il est seul et orchestre la grande tempête. Peut-être devrions-nous le tuer, oui, mais qui aura la force de ce geste alors qu'il était l'un des nôtres. Qui pourrait lui en vouloir d'avoir vacillé alors qu'aucun d'entre nous n'est sûr de tenir jusqu'au bout. On ne peut éprouver pour Barboni qu'une immense pitié car, de ce front, il ne reviendra pas. Aucune balle encore ne l'a transpercé dans sa chair, mais le front lui a brûlé le cerveau et il rit tristement sur sa vie.

DERMONCOURT
Je regarde Barboni et il me semble voir un singe épileptique occupé à quelques joies obscures. Je regarde Barboni et j'en arrive presque à l'envier. La folie le possède et cela, peut-être, lui évite les peurs qui nous terrassent tous. J'aimerais pouvoir, comme lui, rire de tous ces milliers d'obus qui martèlent nos positions et font trembler la terre, j'aimerais, mais à chaque impact, je rentre la tête dans les épaules et souhaite ne pas mourir. La folie de Barboni lui a voilé les yeux et qui, ici, ne souhaiterait pas être aveugle. Il est fort. Il semble indestructible. Je regarde Barboni et je voudrais lui demander de m'apprendre à rire, mais cela fait bien longtemps qu'il ne nous entend plus.

MESSARD
Il a enlevé son casque maintenant. Je ne sais pas ce qu'il veut faire. Il se défroque et il chie dans

son casque retourné. Il chie en riant. Et ses yeux ne cessent pas de scruter le ciel et les éclairs qui le traversent. Il a chié, tête nue, et maintenant qu'il a remis son pantalon, il saisit son casque souillé et il le lance à toute force hors de la tranchée, vers les lignes ennemies. Il faut un courage énorme, un courage physique réel, dans les muscles, dans les nerfs, pour pouvoir se lever ainsi, se tenir debout sur ses deux jambes sous le feu. Et au fond, Barboni n'a pas tort. Car avec ou sans casque, nous mourrons tous probablement aujourd'hui. Aucune protection ne nous sauvera. Aucun casque n'empêchera la tempête de nous disloquer. Barboni, le premier, l'a compris.

RIPOLL
Ce n'était pas par sympathie pour Barboni, ni par pitié pour sa démence. C'était simplement que cet homme était un des nôtres. Qu'il était un de mes hommes et que puisque j'avais été désigné comme le chef de ce petit groupe, c'était à moi de veiller sur lui. Ou peut-être que non. Peut-être était-ce par sympathie et par pitié. Je me suis levé à mon tour et j'ai fait ce que je devais faire.

CASTELLAC
Ripoll s'est levé et a marché sur Barboni. Lorsqu'il a été sur lui, il a enlevé son casque et l'a tendu à Barboni. C'était beaucoup de la part de Ripoll. D'abord parce que, avec tous ces gravats, toutes ces pierres qui volent, un casque, bon gré mal gré, protège des éclats. Et puis, c'était parler de nouveau à Barboni. Et depuis qu'il avait sombré dans la folie, personne n'avait osé le faire. Il lui a tendu son casque en souriant et

il a demandé à Barboni de le prendre. J'ai cru d'abord que Barboni ne l'avait pas entendu bien qu'ils ne soient qu'à quelques centimètres l'un de l'autre. Car il gardait toujours, rivés sur le ciel, ses yeux de grenouille. Mais doucement il a baissé les yeux et il s'est mis à regarder Ripoll. Il a souri. Et c'était comme si, le temps d'une accalmie, il revenait parmi nous. Il a souri. Les obus continuaient à pleuvoir mais ces deux hommes, debout, semblaient ne rien entendre, ne plus sentir la terre vibrer sous leurs pieds. Il a souri, il a pris le casque que lui tendait Ripoll et, délicatement, le lui a replacé sur la tête.

LE MÉDECIN
Un homme est venu me voir, envoyé par le colonel qui est en place au fort. Il est venu à moi et m'a dit que le colonel avait donné l'ordre de transférer le poste de secours au fort. Je vais devoir partir. Je reste debout. Je regarde les tranchées, devant moi. Je reste debout. Pendant quelques instants encore, je partage la peur et l'attente, je partage l'air et l'odeur de la poudre avec tous ces soldats qui vont se faire submerger par la vague du grand assaut. Pour quelques instants encore, je suis parmi eux.

RIPOLL
Les obus grêlent. Mais pour nous, c'est l'heure des couteaux. Nous vissons nos baïonnettes au bout de nos canons. C'est l'heure du corps à corps. Aux hommes désormais de participer au carnage. Que le sang coule. Au couteau. Ouvrir les chairs. Creuser les viscères. Pas un seul d'entre nous n'est prêt à faire cela. Pas un seul d'entre

nous ne sait quelle bête il faut être pour saisir à bras-le-corps un ennemi et plonger entre ses côtes une lame épaisse. Il faudra faire face à la charge. Je voudrais hurler que l'on ne peut pas nous demander cela. Qu'il y a là quelque chose de trop. Je voudrais hurler mais les explosions couvriraient mes cris. Alors je me tais. Je serre les dents et mon fusil.

CASTELLAC
C'est sûr maintenant. L'affrontement est imminent. Combat à bout portant. Yeux dans les yeux, le poignard au poing. Il ne faut plus faiblir maintenant. Je pourrais m'ouvrir les veines et me laisser mourir doucement, avachi dans le fond de ma tranchée. Mais je n'ai jamais eu autant envie de vivre. Et s'il le faut, je le sais, je n'hésiterai pas à me servir du couteau pour percer le ventre d'un ennemi. Je n'hésiterai pas. Mais je les hais pour ce qu'ils me forcent à faire.

RIPOLL
Voilà. Le canon cesse. Quelques explosions encore comme les derniers hoquets de leurs mortiers. C'est à notre tour maintenant. La peur monte. Le calme revient. Je sais que ce sont les derniers instants de paix qu'il me sera donné de connaître et j'ai peur.

CASTELLAC
Je ne pensais pas que cela finirait. Mais le calme est revenu. Et pour la première fois nous avons pu nous lever. J'ai contemplé la terre autour de moi et je n'ai rien reconnu. Tout est retourné.

Je ne sais plus où est la ligne de front. Je ne sais plus où regarder pour voir venir le flot continu de l'assaut.

MESSARD
Les muscles sont ankylosés et pourtant il faut se battre. Se lever et se battre.

DERMONCOURT
Les voilà. Nous avons entendu un grand cri sourd monter de l'horizon. Et je vois maintenant, aussi loin que porte mon regard, une vaste ligne d'hommes se détacher et se ruer vers nous. Ils sont des milliers. Une vague immense de petits points noirs qui ne cessent de s'approcher. Sur des kilomètres de front. Comme un seul grand corps, ils sont sortis de leur tranchée et courent vers nous.

CASTELLAC
Ils se rapprochent. Ils ne tarderont pas à être sur nous. Je regarde tous ces hommes qui se ruent sur nous. Ils courent, la baïonnette au fusil, ils crient pour se donner du courage. Je ne pensais pas qu'autant d'hommes pouvaient vouloir ma mort.

MESSARD
J'ai gueulé à Castellac que ça n'était pas le moment de flancher. J'ai gueulé à Castellac qu'il fallait défendre sa peau.

RIPOLL
Je ne connais pas de Dieu, alors, à la vue de cette marée, j'ai recommandé les âmes de Messard, Castellac, Dermoncourt et Barboni à la terre. J'ai murmuré que c'étaient des hommes, qu'ils avaient saigné et qu'ils méritaient la paix. Et puis les milliers d'hommes-baïonnettes ont été à quelques mètres. Nous nous sommes accrochés à nos fusils et nous avons tiré. Mais cela n'a pas stoppé le flot. Ils ont coulé dans notre tranchée comme une eau dangereuse. Nous avons été corps à corps. Submergés, étourdis. Je n'ai plus vu aucun des miens. Que des ennemis. C'était à qui percerait les flancs de l'autre en premier. Il fallait être vif. Ne pas penser. Ne pas faiblir. Percer et tirer sans cesse. Je n'ai plus vu personne. Corps à corps pour la vie. J'étais une bête et je ne me souviens plus. J'étais une bête et je n'oublierai jamais.

DERMONCOURT
Tire et tue. Plus que cette seule idée en tête. Sois rapide. Plus rapide que les autres. Tire et tue. Et ne fatigue jamais. Il reste encore des ennemis. Il faut survivre. Il faut se battre. Tous ces hommes te crèveront si tu n'es pas le plus rapide. Je n'ai pensé qu'à cela. Et puis, je n'ai plus pensé du tout. Juste laissé mon corps se jeter dans la bagarre.

MESSARD
J'ai tué un homme à bout portant. J'ai juste eu le temps de voir sa grimace lorsqu'il a avalé la balle en plein ventre. Il est tombé. Je ne dois pas m'arrêter. Je ne dois pas perdre de temps à le regarder.

RIPOLL
La fumée envahit la tranchée. On ne voit plus à deux mètres. Ce n'est pas du gaz mais la fumée accumulée de la poudre de toutes ces détonations. Et le sol est déjà jonché de corps. Cris allemands. Cris français. Tout se mêle. Je me concentre sur ce qui m'entoure.

BARBONI
Je vais… je vais tous les tuer… tous… avec mon couteau… ou avec mes doigts… je vais… sans regard… sans pitié…

RIPOLL
Nous ne tiendrons pas. C'est évident. Ils sont trop nombreux. Il en vient toujours plus. Nous ne tiendrons pas. Ils inondent nos positions. Il faut reculer ou nous crèverons tous ici.

MESSARD
Castellac est blessé. Je le vois lâcher son fusil et vaciller. Castellac est blessé. Dans la tranchée, inondée d'hommes et de fumée, je me fraye un passage.

CASTELLAC
J'ai pris une balle dans le bras. Ou à l'épaule, je ne sais pas. J'ai senti une douleur brûlante. Comme si on me déchirait les muscles.

DERMONCOURT
Je vois Messard s'approcher de Castellac, se pencher sur lui et l'aider à se relever. Je vois

Castellac qui a du mal à marcher et je pense que tout cela est absurde. Pauvre Messard. Pour aider Castellac, il faudrait d'abord repousser ce flot pressant de baïonnettes et de mâchoires, il faudrait les tuer tous, les obliger à fuir et, alors oui, on pourrait aider Castellac. Je voudrais dire à Messard de reprendre son fusil, mais je ne peux pas m'empêcher de l'admirer pour cette aide qu'il offre à Castellac. Dernière solidarité avant la noyade. Nous sommes peut-être encore des hommes.

RIPOLL
La première vague est endiguée. Je ne sais pas comment nous avons fait mais je ne vois plus d'ennemis dans notre tranchée. Ils sont là, à quelques mètres, mais il n'y en a plus aucun dans le boyau. C'est alors que nous l'avons vu. A deux cents mètres à gauche. Il a craché ses premières gerbes de feu. Enormes. Elles se sont engouffrées dans le boyau avec la rage vive de l'incendie, brûlant tout sur son passage. Et la chaleur a soufflé sur nos visages. Plus personne n'a pu ignorer alors qu'un lance-flammes était là et qu'il ferait de ce boyau un couloir de braises.

DERMONCOURT
Ils ont amené les lance-flammes et ils vont nous brûler vifs, comme des rats. Et la peau de nos visages sera si cloquée qu'on ne pourra pas même nous identifier et nous rendre à nos mères.

MESSARD
Je m'étais fait à l'idée de crever d'une balle tirée à bout portant. Mais au lance-flammes, je n'avais pas pensé. Je n'ai pas eu le temps de m'habituer à cette idée. Et la peur qui s'était tue durant tout le combat, la peur devant cette nouvelle arme de démon me saisit à nouveau et fait trembler mon ventre.

RIPOLL
Il approche et nettoie les tranchées. Lentement. Calmement. Il prend tout son temps. Il se rapproche et toutes les dix secondes nous entendons son rugissement sauvage éructer une grande gerbe qui lèche les parois. Les hommes se tordent sous son souffle et se recroquevillent comme des allumettes que la flamme finit de lécher à terre.

BARBONI
Le feu me léchera le corps… le feu… je vais boire les grandes flammes… ma chair à moi résiste au feu… ma chair à moi est déjà de cendres…

DERMONCOURT
J'ai vu Barboni, sous la mitraille ennemie, sauter hors de la tranchée et courir vers le lance-flammes. Il a poussé un long hurlement, et il a couru, poignard au poing. Les coups de feu ont crépité, mais aucune balle n'a pu l'arrêter dans sa course.

MESSARD
J'avais tort. Nous n'avions rien à redouter de Barboni. Toujours, il est resté de notre côté. Et

à la fin, en se précipitant ainsi hors de la tranchée, il a payé pour son crime, il a payé bien plus qu'aucun d'entre nous n'aurait su le faire. J'avais tort, et je voudrais lui demander pardon mais il court comme un dératé. Il court contre cet ennemi qu'aucun d'entre nous n'aurait osé affronter.

RIPOLL
Comment cela a été possible, je ne le sais pas. Comment est-ce qu'il est passé au travers de toutes ces balles, quelle force il a eue pour oser cette charge, je ne le sais pas. Cela nous a paru durer des heures. Et nous avions tous les yeux rivés sur lui. Et puis nous l'avons perdu de vue. Il a disparu dans les aspérités du sol et personne ne peut dire ce qui s'est passé là-bas, entre le lance-flammes et le couteau.

BARBONI
Je suis fort… Et je parle à nouveau… Aucune balle ne m'a touché. Aucune balle, en tout cas, ne m'a empêché de poursuivre ma course… Je me suis jeté sur l'homme qui portait le lance-flammes. Il a roulé par terre, encombré par sa propre lourdeur, et avant qu'il se relève, je lui ai planté le couteau dans la gorge, jusqu'à la garde… Je suis fort… Mais cela ne suffit pas… Barboni parle à nouveau et Barboni veut dire son dernier mot… J'ai pris tout mon temps. Et que les balles continuent de fuser autour de moi ne me perturbe pas… Je prends tout mon temps et j'endosse le lance-flammes… Maintenant oui, c'est à mon tour de parler…

RIPOLL
Il l'a tué mais ce n'était pas encore assez. Nous l'avons vu resurgir, armé de son immense tuyau de feu. Les ennemis d'abord n'ont pas compris. Puis ils ont été pris de panique. Barboni continuait de rire. Ce sacrifice devait lui être doux pour qu'il puisse rire ainsi.

MESSARD
C'est Ripoll qui a eu le réflexe. Car nous tous, nous étions trop heureux de ce nouveau spectacle. Nous tous, nous étions prêts à applaudir des deux mains pour Barboni. Il a hurlé que c'était le moment ou jamais de foutre le camp. Il a gueulé qu'il fallait nous replier. Et comme Barboni riait aux éclats, aucun de nous n'a eu l'impression de l'abandonner. C'était un cadeau qu'il nous offrait et seul Ripoll a compris qu'il fallait le saisir.

BARBONI
Je les ai vus détaler… Et alors seulement je me suis senti indestructible… Car j'étais seul… C'était mon heure…

CASTELLAC
Messard me soutenait. Nous avons tous quitté la tranchée de la Tempête. Sans tourner le dos aux lignes ennemies, nous nous sommes repliés dans la confusion du combat.

DERMONCOURT
J'ai vu Barboni une dernière fois se dresser comme un titan hilare qui crachait du feu. Et

puis un ennemi a tiré dans le réservoir qu'il portait au dos. Une énorme gerbe de feu a éclaté dans le ciel. Chair brûlée et métal en fusion. Son corps a explosé, s'ouvrant à l'infini. Mille morceaux d'homme qui montent au ciel. J'ai vu Barboni et j'ai su qu'il était mort. Monté au ciel dans un grésillement suffocant et retombé à terre dans une pluie de viande.

MESSARD
A Ripoll, je n'avais pas fait attention. Durant tous ces combats, je ne l'avais quasiment pas regardé. Je veillais sur Castellac. Ripoll, lui, n'avait besoin de personne. Ripoll, peut-être, est le seul à n'avoir besoin de personne. Maintenant que je le vois, je me rends compte que son corps ne connaît aucun repos. Toujours vif, toujours percutant. Il ne cesse de courir, veillant sur les uns, appelant les autres par leur nom, il est devant nous, puis derrière. Je me rends compte que depuis le début de ce combat, nous l'avons suivi. Autorité calme de l'homme sûr. Nous l'avons suivi et j'ai la conviction que la seule façon de s'en sortir est de marcher où il marche, de courir lorsqu'il court. Je calque mon pas sur le sien et, dans son ombre, ma peur se tait.

RIPOLL
Barboni ne les a pas effrayés longtemps. Ils n'ont pas tardé à réaliser qu'il était la dernière digue et que nous avions tous quitté la tranchée. Ils n'ont pas tardé à réaliser qu'ils n'avaient qu'à courir pour nous manger. Et lorsqu'ils ont compris cela, ils se sont rués vers nous et nous n'avions plus le temps de nous arrêter pour tirer.

Il fallait courir. C'est ce que j'ai dit aux camarades. Et la grande course poursuite a commencé. Ils appellent cela fuir. Je n'ai pas l'impression de fuir. Je me bats pour rester en vie. Je me bats et tous mes muscles brûlent, tentant de gagner quelques pauvres mètres. La horde est derrière nous. Des milliers d'hommes, affamés, des milliers d'hommes qui nous traquent dans ce labyrinthe de couloirs. Nous nous ruons dans la tranchée de l'Orage. Plus rapide qu'eux car nous connaissons notre réseau. Comme des rats pris de panique nous courons jusqu'au poste A. Mais cela ne suffit pas car ils sont encore derrière nous.

MESSARD
Je n'entends plus que ma respiration hachée qui enfle dans ma cage thoracique. Tout le monde court. Ce n'est qu'au poste A, arrivé au poste A, que je me suis rendu compte que Dermoncourt n'était pas là.

CASTELLAC
Nous sommes les derniers. Plus personne d'autre dans ces tunnels que des cadavres. Nous sommes les derniers. Oubliés du front. Ils sont tous partis et nous sommes les derniers dératés qui courons pour échapper à la mort.

RIPOLL
Dermoncourt est mort. Il a cessé de courir. D'épuisement ou d'une balle dans le dos, il est mort. Il a peut-être seulement trébuché, il souffle peut-être dans un coin de boue, espérant passer

inaperçu. Mais pour nous, il est mort. Il faut le croire. Ou cela est trop dur. Ils nous ont plongés dans la fournaise et pour ce qu'ils nous ont obligés à devenir, ils auront à nous rendre des comptes. A moins que personne ne revienne. A moins que personne, jamais, ne sache comment est mort Dermoncourt, à moins que personne ne sache qu'avant de mourir nous avons couru, croyant encore à la vie, croyant encore, même au prix de l'abandon, que nous pourrions vivre.

MESSARD
Je ne peux plus respirer. La course a trop duré et j'ai du mal maintenant à trouver de l'air. Castellac et Ripoll, eux aussi, soufflent comme des bêtes. Corps exsangues de suppliciés. Nous nous sommes écroulés dans la baraque en ruine du poste de secours. Il restait quelques carcasses méconnaissables de lits d'hôpitaux. Mais plus de toit. Tout a giclé sous le pilonnage immense qui inaugura la boucherie. C'est la fin de notre course. Nous nous sommes effondrés les uns sur les autres. Et chacun a su que c'était ici que nous allions mourir et aucun de nous, visiblement, ne voulait mourir essoufflé. Alors, pendant que les muscles battaient sous la peau, nous avons tenté de reprendre notre souffle. Pas pour repartir. Mais simplement pour respirer comme des hommes au moment de mourir.

CASTELLAC
Je n'en peux plus. Ils ne tarderont pas à être là. Nous n'avons jamais vraiment réussi à les distancer. Ce que j'ai fait, je ne l'ai pas fait pour appeler à l'aide. Je savais bien que personne,

ici, ne pouvait nous venir en aide. Mais j'avais cette fusée éclairante alors je l'ai tirée. Pour que l'on sache, là-bas, que des hommes se battaient encore. J'ai tiré cette fusée et sa lumière bleue phosphorescente, dans la fumée et la brume, a veillé sur nous.

MESSARD
La fusée d'alarme de Castellac, peut-être, nous a coûté la vie. Elle a jailli dans le ciel avec un sifflement de pétard, et elle disait aux ennemis où nous étions. Ils n'avaient plus qu'à ajuster le tir, sans se presser même, car elle retombait lentement, comme un galet dans l'océan. La fusée d'alarme nous a tués mais pourtant je suis reconnaissant à Castellac d'avoir eu ce geste. Nous mourions comme des rats. Tirés comme du gibier. Sans plus de force pour nous battre, sans plus de force même pour nous retourner, juste le réflexe de courir comme une bête face à son prédateur. Tirer cette fusée, c'était prendre le temps de se retourner et de regarder la meute en face, c'était faire un dernier signe aux camarades, là-bas, à l'abri. C'était dire adieu. Et comme plus aucun d'entre nous n'avait la force de crier, comme aucun hurlement n'aurait couvert le bruit crépitant de la mitraille, ce faisceau bleu qui a fait crisser le ciel a été notre dernier mot, et c'est à Castellac que nous le devons.

RIPOLL
Un obus encore, comme un dernier hoquet après le festin, est venu nous éclater dans les pieds. La terre à nouveau a été soufflée. J'ai vu Castellac, le crâne fendu, sourire encore un peu en regardant

mourir sa fusée d'alarme. Je n'ai pas vu Messard, car je n'avais plus la force de tourner la tête. J'ai juste pensé que j'avais mal, j'ai juste pensé que tout mon corps me pesait et que cela allait peut-être bientôt finir. J'ai fermé les yeux.

LE MÉDECIN
Engloutis mon poste de secours et les deux batteries. Englouties les tranchées du front, et les hommes avec…

JULES
J'ai trouvé un village. Il fait beau. Les rues doivent être pleines. Les femmes doivent être en train de faire leur marché. Je vais me frayer un passage au travers de la foule et les saisir tous ensemble d'une même stupeur.

Je me dirige vers l'entrée du village. Il fait déjà chaud. Je marche à grandes enjambées. Je distingue les premières silhouettes. Je baisse les yeux. Je ne veux croiser aucun regard. Je ne veux pas être arrêté. Aller tout droit jusqu'à la place du village. Aller là où ils sont le plus nombreux. M'immobiliser dans la foule et parler. Je suis dans la rue principale. La place est devant moi. Avec des hommes à la terrasse d'un bistrot. Deux charrettes sur le côté où des marchands ont entassé des caisses de légumes. Je déboule sur la place. Je sens tous les regards converger sur moi. Les têtes se sont levées. Les conversations se sont interrompues. Je les regarde tous. J'ouvre la bouche :

"Oui. Vous. Ecoutez… Je suis… Je suis mort fauché. Entendez-moi… Pourquoi est-ce que je ne parviens pas à me relever ?… Des explosions de feux tout autour de moi… Je vois des hommes me dépasser en criant… Courir… Vite… Personne ne s'arrête sur moi… Je ne peux plus bouger… Le ventre à l'air… Les poumons brûlés… Les yeux écarquillés… Entendez-moi… Je meurs gazé…. J'ai peur… Je ne peux plus bouger… Ecoutez… Je veux revenir… Mais je suis en morceaux… On ne me rendra pas aux miens… Entendez-moi… Je suis enfoncé dans la boue… La tête la première… Comme un noyé… Je veux revenir… Pas mourir… Non… Pas ici… Entendez-moi."

Une pierre vient me heurter le front. D'abord ils ont écouté. Puis l'un d'eux a ri. Et comme je continuais à parler, la colère est montée. Ils m'ont pris à partie. Ils m'ont insulté. Ils ont crié jusqu'à ce que la première pierre soit lancée.

Lorsque la pierre m'a heurté le front, j'ai entendu les voix des villageois qui m'entouraient. "Que veut-il ?" "C'est un fou." J'ai entendu le danger que j'étais. "Maraudeur." "Chassez-le." Et puis d'un coup, une voix plus forte que les autres a crié : "C'est un déserteur !" Et les pierres se sont faites plus nombreuses. Comme une pluie drue que je ne pouvais éviter. "Déserteur !" J'ai couru. Comme un dératé. "Déserteur !" J'ai couru, sans penser à rien d'autre qu'à échapper à la furie du village. Ils ne m'ont pas poursuivi. Ils ont craché au ciel mais ils ne m'ont pas poursuivi. Je suis loin maintenant. Je suis seul. J'essaie de reprendre mon souffle. Je suis loin et j'ai échoué.

V

STATUES DE BOUE

JULES
Retourner au front et y crever. Je ne vois que cela. Oui. Rebrousser chemin. Tout refaire. Avec la même hâte. Marcher vite. Traverser les mêmes champs, faire les mêmes haltes aux mêmes endroits. Du village à la tranchée. Et là, me glisser dans mon trou et, comme les autres, confier à la terre ma prière. Un autre que moi, peut-être, se chargera de l'apporter aux hommes du village. Un autre que moi. Plus éloquent. Dont le visage n'appelle pas les pierres. J'ai échoué. Oui. Je n'ai plus qu'à rebrousser chemin. Retrouver les miens. Et ne plus les quitter.

Mais les voix sont toujours là. Elles ne me quittent pas. Je leur dis que j'ai échoué. Qu'il ne sert plus à rien de compter sur moi. Je leur dis les pierres et la course affolée. Mais rien n'y fait. Il n'y a plus de silence. Je suis hanté. Et je devrais m'en aller ? Revenir sur mes pas, laisser les hommes du village en paix ? Les voix ne se tairont pas. Pourquoi devraient-ils, eux, connaître la quiétude du silence ? Je dois revenir. Trouver un autre moyen. Ne pas les laisser me chasser si facilement. Je ne les chasse pas avec des pierres, moi, les voix qui hurlent dans ma tête. Je dois revenir. Plus fort que la pluie de pierres. Il faut apprendre. Je n'en ai pas fini avec eux.

La terre est là qui demande son cri. Je dois être évident. Imposer le chant. Ne pas abdiquer. Pas encore. Il est encore des combats que je peux livrer.

Je marche à nouveau vers le village. Je ne sais pas encore ce que je ferai. Je réfléchis. Je me mets à l'écoute des voix des tranchées. Ce n'est plus le même tumulte qu'autrefois. Une voix s'impose. Je l'entends. Elle parle au-dessus du tumulte. Lentement. A mots comptés. C'est une voix étrange de gazé. “Je ne tiendrai plus longtemps... Je suis oublié... Je n'aurai pas la force... Mes poumons... Je peux presque sentir le gaz dont ils se remplissent... Je suis déjà mort pour tout le monde... Qui saura ?... Qui saura que j'ai vécu encore un peu ?...” Je l'entends. Il continue de parler. Sans hausser la voix. Sans s'arrêter. Glissant ses mots dans la boue. Appelant doucement la terre à témoin. Je l'entends. Et je comprends maintenant ce qu'il me reste à faire.

LE MÉDECIN
Ils nous ont enfoncés. Nous avons dû reculer jusqu'au fort. Il n'y a que le fort qui ait tenu, comme un château de sable que les vagues ne submergent pas. Comme un château de sable rongé à la base mais qui garde la tête hors de l'eau. Tout le reste est perdu.

M'BOSSOLO
Il faut tenir, camarade. Passe tes bras autour de mon cou. Il faut t'accrocher. M'Bossolo est là qui t'emmène avec lui.

RIPOLL
Des sons étranges dans la brume... Des voix inconnues... Comme si la terre me parlait avant de m'accueillir en son sein.

M'BOSSOLO
Tu as mal. Je sais. Tout ton corps est une plaie ouverte. Mais tu dois tenir. Je te pose un instant, mais ne crains rien. Je ne t'abandonne pas. Tu es lourd mais je ne faiblirai pas.

RIPOLL
Je n'ai pas la force d'ouvrir les yeux... Les voix de la terre m'entourent maintenant. Ce sont des phrases hachées. Très lointaines... Je sens mon corps par intermittence. Mon corps soulevé de terre.

M'BOSSOLO
Laissez-moi le porter, mes frères. Je vais le ramener. Ouvrez-moi la voie. Ne me ralentissez pas. Nous n'avons pas le temps. Le sang nous est compté.

RIPOLL
On me saisit par les épaules... Je sens que l'on m'extirpe... Je le sens clairement maintenant, et je voudrais parler pour demander que l'on me laisse... J'étais bien... J'étais calme... On m'attrape et on me traîne et je trouve cela injuste. Car je pensais avoir le droit, au moins, de mourir calmement.

M'BOSSOLO
Tu te demandes où tu vas et qui te parle. Je suis M'Bossolo, camarade. Tu reviens à toi. Je sens ton corps qui s'agite sur moi. C'est bien. Accroche-toi. Mais reste calme. Ne me fais pas glisser. Je n'aurais pas la force de me relever. Tu es mon frère, camarade. Je te ramènerai à toi.

RIPOLL
Mes yeux clignent. Et la nuit profonde est coupée d'éclairs. Je retrouve la tourmente du front, le temps de quelques secondes. Puis je la reperds. Je vois des hommes, que je ne peux compter, je les vois s'agiter autour de moi, ils parlent parfois, mais je ne comprends pas ce qu'ils disent. Je vois des hommes et ce sont les hommes de la nuit. Ils m'ont agrippé et me traînent, je vois leur peau brûlée tout entière, leur peau lisse et noire, plus sombre que la boue. Et je me demande ce qu'ils attendent de moi. Ce sont peut-être les ombres chargées de porter mon corps jusqu'au cœur de la terre. Je voudrais leur demander, mais je sais que je n'ai pas cette force et je n'essaie même pas. Je me laisse porter par les ombres de la terre, j'appartiens au cortège des damnés.

LE MÉDECIN
Les nôtres ont décidé de faire tomber sur les positions ennemies une pluie d'obus. Avec ce qu'il nous reste. Pour stabiliser le front. Et pour que nous puissions aller chercher nos blessés. Le déluge de métal reprend. Mais sur le continent d'en face.

Un régiment d'Africains est venu en renfort. Nous avons vu arriver cette aide improbable et nous sommes restés bouche bée devant ces hommes venus de nulle part qui avaient encore la force de se battre, qui avaient encore la force de plonger dans la tourmente pour aller chercher nos blessés.

RIPOLL
Un homme me porte sur son dos. Il a dit son nom. Il le répète plusieurs fois. Il dit. "Je suis M'Bossolo." Il me parle, je crois. Voix chaude qui coule sur mes plaies. Je n'ai pas la force de répondre. Mais ne cesse pas de parler, camarade. Parle-moi. Je comprends, entre deux syncopes, je comprends que les hommes de la nuit me ramènent.

M'BOSSOLO
Ne pense plus à tes frères, camarade. Ne pense plus à rien. Je suis infatigable. Je vais te porter jusqu'au bout. Rien ne nous arrêtera.

RIPOLL
Je te sens souffler sous mon poids. Mais tu ne m'abandonnes pas. Tu me ramènes. Je sens parfois un de tes compagnons qui propose de te remplacer mais tu ne veux pas. Tu veux aller jusqu'au bout. Me porter jusqu'au bout. Nous avançons. Je n'ai pas la force de te dire merci. Mais nous sommes frères, M'Bossolo. Ne t'arrête pas. Ne me pose à terre que lorsque nous serons arrivés sur ton continent à toi. Je me laisse porter sur ton dos. Je flotte sur une colonne d'hommes épuisés. Pauvre humanité en marche qui porte ses blessés comme des divinités de bois. Laissez

passer la procession des morts. Laissez passer M'Bossolo qui se tord sous mon poids. Laissez passer les hommes au visage noirci d'effroi.

MARIUS
Je ne l'ai pas perdu des yeux. Je l'ai suivi sans cesse. Essayant toujours de me rapprocher sans savoir si c'était pour le tuer ou pour l'embrasser. L'important était de l'atteindre. Lorsque je l'aurai rattrapé, tué ou ramené au monde, tout cela cessera. J'en suis sûr. Je ne l'ai pas perdu des yeux mais soudain, à deux cents mètres, un obus a explosé. C'était une grande pluie qui commençait. Les premières gouttes d'un orage d'été. Les premières gouttes, lourdes et espacées, qui s'écrasent au sol avec force et annoncent la violente giboulée. Il ne s'y est pas trompé. Il s'est mis à courir. Cherchant probablement un endroit où se terrer, cherchant au milieu de cette averse de feu une tanière ou un pauvre refuge. Je l'ai suivi. Je n'oublierai jamais cette course hallucinée. Je suis Vulcain et chacun de mes talons qui heurte le sol fait éclater la terre et gicler des milliers d'étincelles. Je suis Vulcain, haletant, et je cours au milieu des détonations et du souffle chaud du métal. Je cours dans le déluge crépitant. Je suis un lapin fou dans l'incendie et je pourrais rire à gorge déployée si je n'étais pas si avare de mon souffle. Mais l'homme-cochon ne doit pas m'échapper. Des milliers de petites scories incandescentes me fouettent les flancs et le visage, des milliers de petits gravats viennent cogner contre ma face. Mais cela ne saurait m'arrêter. Je suis Vulcain et je suis en chasse. Nous courons comme des dératés. Je ne le laisserai pas m'échapper cette fois. Les explosions font

rage et couvrent le bruit de mes poumons éreintés. Je ne céderai pas. Jusqu'au bout. Au-delà de la fatigue. Je n'écoute pas mon corps. Je courrai jusqu'à mourir. De la terre me gicle au visage. Mais rien n'arrête ma course. Rien. Le sol tremble sous mes pieds. Je ne sais pas ce que je veux. Je ne sais pas ce qui va se passer lorsque je l'aurai rattrapé. Je cours. Même mort, je continuerai à courir. A chaque enjambée, il me semble que la terre se fend sous mon pied. Tout n'est que fournaises et tonnerre. Je cours. Je me rapproche. Il sait que je le talonne. Il m'a vu. Il sait que je suis à sa poursuite. Au milieu du souffle des obus, au milieu des rafales de terre et des pluies de métal, je me concentre sur ma proie. Je veux courir jusqu'au bout. Je me rapproche sans cesse. Il devient moins rapide. Soudain un éclair claque dans mes tympans. Je vois l'homme-cochon disparaître dans un nuage de feu. En une fraction de seconde, je suis soufflé. Soulevé de terre. Le corps tout entier projeté dans les airs puis plaqué contre terre et martelé de gravats. Mort, j'ai pensé. Me voilà mort. Soufflé par un obus. Démembré dans les airs. J'ai fermé les yeux et je n'ai plus pensé à rien.

LE GAZÉ

Au loin, une rumeur sourde de tonnerre. Les hommes se battent là-bas. Au loin, le front. Je vais mourir. Tout est calme maintenant. Je vais mourir. Robinson est venu et m'a pris mon masque à gaz. Je n'ai pas la force de me hisser hors du trou. Je n'ai plus aucune force. Et même s'il m'en restait, je suis bien au-delà des lignes et il faudrait lutter pour retrouver les miens. Je suis un homme oublié dans un trou d'obus et je vais mourir. Pour eux tous, là-bas, je suis déjà mort. Porté disparu. Mon trou est plein de gaz. Des nappes lourdes de poison dorment au fond des tranchées, c'est une des premières choses qu'on nous apprend. J'en respire depuis longtemps. J'ai les poumons moutarde et je ne tarderai pas à crever. Mais je veux respirer encore un peu le ciel marin.

MARIUS
Mes oreilles bourdonnent encore du vacarme de l'explosion. Mon visage est encore chaud du souffle de l'obus. Mais mes yeux se sont rouverts. Je suis en vie. Je sens que je peux respirer. Où est-il ? Je me lève. Je dois le retrouver. Je marche à nouveau. Aucun sang ne coule de mon corps. Aucun. La chasse n'est pas finie.

A l'endroit où l'obus a explosé il y a maintenant un énorme trou dans la terre. Rien d'autre. Mais je ne renonce pas. Je le trouverai. Où qu'il soit. Je descends. Je cherche le corps de l'homme-cochon. Il y a là des bouts épars de viande. Sanguinolents. Accrochés à des paquets de terre. Des bouts de viande disloquée. Est-ce possible que ce soit là tout ce qu'il reste d'un homme ? Est-ce possible que l'explosion l'ait déchiré en lambeaux ? Il est plus malin que cela. Plus rapide que les bombes. Ça ne peut pas être lui. Il doit être quelque part en train de courir. Je ne tarderai pas à l'entendre crier. Il doit être quelque part en train de rire de son cri de bête.

Dans le fond de la cuve, je trouve un morceau plus grand que les autres. Une touffe de cheveux pleine de terre. Comme les pauvres mottes d'un pays dévasté. Les restes d'une tête. Oui, sûrement. Je la prends par les cheveux. C'est un bout de chair à vif. Totalement éclaté. Méconnaissable. Je saisis cette tête jivaro. Juste un filet de chair rouge attaché à des cheveux. Je me concentre. Je revois le visage du fou. Sa longue barbe sale, emmêlée de boue et souillée d'immondices. Je me souviens du masque à gaz qu'il portait comme un groin de caoutchouc. Non, ça ne peut pas être lui. Un homme ne peut pas être devenu ce pauvre filet de viande qui coule le long de mon bras.

Il n'y a plus rien. Du sang éparpillé sur la terre. Ta tête hirsute a explosé dans un dernier rire de métal. Ta tête a explosé au ciel, maculant les étoiles de ton sang d'aliéné. Je vais te ramener quand même. Je te prends avec moi. Je ne te laisserai pas. Il faut que je te montre aux hommes. Leur montrer le cri. Brandir devant eux ta bouche éventrée. Je vais ramener le cri. Pour que la guerre cesse à jamais.

LE GAZÉ

Je meurs. Qui se souvient de moi ? Il aurait peut-être mieux valu mourir tout de suite. Je sens maintenant que le gaz a chassé tout l'air de mes poumons, je sens la mort inodore que je respire. Je ferme les yeux. Et je vois. Je vois que je ne mourrai pas seul. Je vois le siècle et c'est un avorton arraché du ventre de sa mère au forceps. Il est baigné de sang. Ils l'ont roué de coups. Je vois l'homme qui n'a plus de dents, plus de visage. Je vois l'homme qui pense être allé au bout de l'horreur mais qui connaîtra bientôt de nouveaux coups. Je vois le gaz qui rampe dans les campagnes. Je vois le grand siècle du progrès qui pète des nuages moutarde, je vois ce grand corps gras éructer des bombes et éventrer la terre de ses doigts. Le raz de marée qui m'emporte n'était qu'une vaguelette. Je meurs maintenant et cela me fait sourire car il m'est donné de voir, dans ces dernières hallucinations convulsées, les millions de souffrances auxquelles j'échappe.

MARIUS
Je suis de retour. Je marche sur cette terre que je connais. Personne ne peut m'y trouver. Personne, ici, ne peut m'atteindre. Je saurai retrouver mon chemin. Je te serre contre moi. J'enjambe les barbelés. Je saute par-dessus les tranchées. Les cadavres me laissent passer. Je te serre contre moi, camarade. Les hommes se battent encore mais ils ne me font plus peur. Je connais cette terre. J'ai été plus loin qu'aucun d'entre eux. J'entends, au loin, des détonations. Des hommes continuent de se tuer. Eclairs de feu. Il fait nuit dans mon âme. Ce qu'il reste de toi tient dans ma main. Les hommes apprendront à te voir. Ils ne pourront, à ta vue, que s'agenouiller dans la boue et pleurer. Et alors tout cessera.

LE MÉDECIN
J'étais au fort où j'avais aménagé un nouveau poste de secours. Je fumais une cigarette en regardant toute cette terre que nous avions abandonnée à l'ennemi. C'est là que je l'ai vu. Marius. Il est sorti de nulle part. Revenu tout seul de là-bas. Personne ne peut dire comment il est parvenu à faire cela, personne ne peut dire ce qu'il a vécu, de quelle force il a été pour revenir à nous. Il s'est approché calmement. Marius. J'ai mis longtemps à le reconnaître. Visage noirci de terre. Yeux hirsutes de condamné à mort.

L'uniforme déchiré, le corps tout entier secoué de tics nerveux.

MARIUS
Je l'ai retrouvé. J'ai mis du temps, oui. Il m'a fallu courir. Je me suis beaucoup perdu. J'ai saigné et pleuré. Mais peu importe puisque je vous l'apporte. J'ai retrouvé l'homme-cochon. Je le brandis à vos yeux. Qu'on fasse silence.

LE MÉDECIN
Je voulais le prendre dans mes bras. Lui parler. Lui donner à manger. Le presser de questions. Mais il ne m'a pas laissé l'approcher. D'une main, il nous a tenus à distance. Il a contemplé lentement tous les hommes qui l'entouraient et il a sorti de sous son manteau une dépouille sanglante. Comme le scalp atroce d'un ennemi vaincu. Il a brandi un masque de chair. Comme la tête d'une Gorgone disloquée. Et tout son visage s'est éclairé de joie.

MARIUS
Je suis devant eux... Je te brandis... Qu'ils sachent ce que j'ai fait... Qu'ils voient que je ramène la dépouille scalpée de la guerre... Qu'ils sachent que j'ai arpenté des terres qui n'en sont pas... Je te tiens à bout de bras... Tu es mort... Il faut qu'ils le voient... Qu'ils comprennent... La guerre est finie...

LE MÉDECIN
Je revois Marius. Pauvre Marius. Il s'est perdu trop longtemps dans des terres impossibles,

livrant des combats qu'aucun d'entre nous ne peut imaginer. Il venait à nous avec son trophée à la main et j'aurais voulu pleurer.

MARIUS
Ils n'ont pas compris... Lorsque j'ai brandi sa pauvre tête décapitée, ils n'ont pas compris... Et ils avaient raison... Je me suis trompé... Il est arrivé ce qui ne pouvait pas arriver... Au moment où j'étais devant eux... Brandissant les restes que j'avais trouvés... Il est arrivé... de nulle part... ce qui n'était pas possible...

LE MÉDECIN
Nous étions tous autour de Marius. Ne sachant que faire pour qu'il baisse le bras, lâche la dépouille et accepte de me suivre. Nous étions tous autour de Marius et c'est là que nous l'avons entendu. Le cri d'autrefois. Exactement comme avant la pluie d'obus. Poussé à nouveau depuis les terres des tranchées. Nous avons entendu le cri de l'aliéné et nous n'en revenions pas. Et puis mes yeux sont revenus à Marius. Je n'oublierai jamais son visage à cet instant. Il avait laissé tomber le scalp à ses pieds. Ses lèvres tremblaient. J'ai su tout de suite qu'il avait chaviré et que je ne le sauverais pas.

MARIUS
Son cri... Impossible... Je me suis trompé... Aucun obus ne peut le tuer... Son cri... Plus fort que moi... Il court encore... Les fils barbelés ont retrouvé leur papa... Le cri de l'homme-cochon... Fils de la guerre... Plus fort que moi...

LE MÉDECIN
Je n'ai pas eu de mal à l'emmener avec moi. Il était immobile et silencieux. Le regard vide. Il ne dira plus un mot. Plus jamais. Je le sens. Une vie de silence. A rester des heures entières assis sur son lit. Secoué de tics. Pleurant parfois. Il ne saura plus dormir. Ses lèvres trembleront jusqu'à sa mort. Comme s'il prolongeait, en son esprit, le dialogue animal avec l'homme des tranchées. Je tendrai l'oreille parfois, mais tout ce que j'entendrai alors sera le souffle creux d'un homme vaincu.

M'BOSSOLO
Je te porterai jusqu'au bout. Tu n'as pas de crainte à avoir. Mon corps a mis du temps à s'habituer à ton poids mais il n'y a plus de fatigue maintenant. Tu es avec moi. Je t'emmène à l'abri. Au-delà des tranchées et du champ de bataille. Il n'y a pas de pays qui soit trop vaste pour moi. Il n'y a pas de fleuve que je ne puisse enjamber ni d'océan où je n'aie pied. Je te porterai jusqu'à chez moi. Bien au-delà de la guerre. Je ne te poserai que lorsque nous aurons atteint la terre de mes ancêtres. Tu connaîtras alors des paysages que tu ne peux imaginer. Je connais des lieux sûrs où aucun ennemi ne pourra t'atteindre. La guerre, une fois là-bas, te semblera une douce rumeur. Je te confierai aux montagnes qui m'ont vu naître. Tu seras bercé par le cri des singes hurleurs de mon enfance. Tu n'as pas de crainte à avoir. Aucun poids ne peut plus entamer mes forces. Nous y serons bientôt. Et lorsque je t'aurai confié à mon vieux continent, lorsque je me serai assuré que tu es sain et sauf, je reviendrai sur mes pas et je finirai ce qui doit être

achevé. Le combat m'attend. Il nous reste encore à vaincre. T'avoir mis en lieu sûr me rendra indestructible. Je retrouverai sans trembler la pluie des tranchées et l'horreur des mêlées. Je me fraierai un passage parmi nos ennemis. Plus rien, alors, ne pourra me stopper dans ma charge. Je ne dormirai plus. Je ne mangerai plus. Je ne m'arrêterai que lorsque la guerre sera gagnée. Je dévorerai la terre du front. Faisant reculer l'ennemi. Semant la panique dans ses rangs. Je serai un ogre. Je broierai le métal des batteries, les fils barbelés et les morceaux d'obus qui éclateront à mes pieds. Je serai un ogre et rien ne pourra rassasier ma faim. Lorsque je t'aurai mis en lieu sûr, là-bas, dans ces terres brûlées de soleil, je reviendrai ici en courant. Prenant un élan de plusieurs continents. Je plongerai dans la tourmente, embrassant la boue des tranchées, laissant glisser sur mon visage la pluie et siffler le vent dans mes oreilles, et je planterai mes dents dans l'ennemi. Je reviendrai. Et j'achèverai la guerre d'un coup de poing plongé au plus profond de la terre.

JULES

Je cours maintenant. Je sais où je vais. J'ai compris ce que voulait le gazé. Je voudrais lui dire qu'il peut se rassurer. J'ai enfin compris ce qu'ils veulent, tous ceux qui me parlent à voix basse. Je vais me mettre à l'œuvre.

Arrivé à l'entrée du village, je me suis arrêté. Je ne ferai pas deux fois la même erreur. Je n'entrerai pas. Je ne dirai pas un mot. Je veux juste leur laisser une trace de mon passage. Qu'ils sachent à leur tour qui est le gazé. Je me suis agenouillé par terre et j'ai commencé mon travail. Je ne ménage pas ma peine. La nuit tombe doucement. Personne ne viendra me déranger. Je travaille sans relâche. Prenant à pleines mains la terre. Je dois avoir fini avant que le jour se lève. J'ai toute la nuit pour moi. Toute la nuit pour lui donner corps. Je ne sens pas le froid. J'ai fait un gros tas de terre. D'un mètre, presque. Je le modèle maintenant. La terre me glisse entre les doigts. Je la lisse. Je l'enfonce. Je lui donne le visage du gazé. Mes mains ne s'arrêtent pas de glisser d'un bout à l'autre de ce grand corps de boue informe. Je ne pousserai plus aucun cri. Les hommes du village sont sourds et je n'ai pas la force qu'il faudrait. Mais lorsqu'ils se réveilleront demain, ils verront, là, à la sortie du village, sur le bord de la route, mon golem de terre qui les regarde sans parler. Je le finis maintenant. C'est un tronc qui sort de terre. S'appuyant de toute la force de ses bras sans que l'on sache si c'est pour s'extraire de la boue ou pour ne pas y être absorbé. Il a la tête dressée vers le ciel. Bouche grande ouverte pour laisser sortir son cri de noyé. Calme-toi, le gazé, je te fais une stèle à ta taille. Pour que tu ne sois pas oublié. Tu peux te taire maintenant et mourir car, par cette statue embourbée dans la terre, tu cries à jamais.

J'ai travaillé toute la nuit. Lorsque le soleil s'est levé, la statue a commencé à se réchauffer lentement. Je l'ai regardée un peu sécher. Je l'ai vue durcir et changer de couleur. Mais je ne me suis pas attardé. Je ne voulais pas risquer que l'on me voie. Je la laisse derrière moi, témoin de mon passage. Témoin du grand incendie des tranchées. Je n'entends plus le gazé. Sa voix s'est tue en mon esprit. Comme s'il avait accepté de glisser en terre et de ne plus respirer. Mais j'en entends d'autres. Oui. Une autre voix a pris la place de la sienne. Je l'écoute. Je la laisse parler. Il me faut chercher un autre village. Pour y planter une autre statue. Je ne rentre pas à Paris. Je couvrirai le pays de mes pas.

Tous les carrefours. Toutes les places. Le long des routes. A l'entrée des villages. Partout. Je ferai naître des statues immobiles. Elles montreront leurs silhouettes décharnées. Le dos voûté. Les mains nouées. Ouvrant de grands yeux sur le monde qu'elles quittent. Pleurant de toute leur bouche leurs années de vie et leurs souvenirs passés. Je ne parlerai plus. La pluie de pierres m'a fait taire à jamais. Mais un à un, je vais modeler cette longue colonne d'ombres. Je les disperse dans les campagnes. C'est mon armée. L'armée qui revient du front et demande où est la vie passée. Je ne parlerai plus. Je vais travailler. J'ai des routes entières à peupler. A chaque statue que je finis, la voix qui me hante se tait. Ils savent maintenant que je suis les mains de la terre et qu'ils ne mourront pas sans que je leur donne un visage. Ils savent maintenant qu'ils n'ont pas besoin de cri pour être entendus. Une à une les voix s'apaisent. Mais il en revient toujours. C'est une vague immense que rien ne peut endiguer. Je leur ferai à tous une stèle vagabonde. Je donne vie, un par un, à un peuple pétrifié. J'offre aux regards ces visages de cratère et ces corps tailladés. Les hommes découvrent au coin des rues ces grands amas venus d'une terre où l'on meurt. Ils déposent à leur pied des couronnes de fleurs ou des larmes de pitié. Et mes frères de tranchées savent qu'il est ici des statues qui fixent le monde de toute leur douleur. Bouche bée.

TABLE

BABEL

Extrait du catalogue

1110. ANONYME
Histoire des quarante jeunes filles

1111. MATHIAS ÉNARD
L'Alcool et la Nostalgie

1112. NANCY HUSTON
Infrarouge

1113. JÉRÔME FERRARI
Un dieu un animal

1114. PAUL AUSTER
Invisible

1115. W. G. SEBALD
Les Anneaux de Saturne

1116. ALAIN SULZER
Un garçon parfait

1117. FLEMMING JENSEN
Imaqa

COÉDITION ACTES SUD – LEMÉAC

Achevé d'imprimer en mars 2012 par Normandie Roto Impression s.a.s. 61250 Lonrai sur papier fabriqué à partir de bois provenant de forêts gérées durablement (www.fsc.org) pour le compte d'ACTES SUD, Le Méjan, Place Nina-Berberova 13200 Arles.
Dépôt légal 1re édition : mai 2012
N° impr. : 121144
(Imprimé en France)